나르시시스트
리더를 만났다면

셀카에 진심이며 겸손이 힘든 리더 대처법

나르시시스트 리더를 만났다면

맨프레드 케츠 드 브리스 지음 | 김현정 · 양재희 옮김

NARCISSISTIC
LEADERSHIP

더블북

ⓒ Narcissistic Leadership : Narcissus on the couch
Korean translation copyright ⓒ 2025 Doublebook
This authorised translation from the English language edition
published by Routledge, a member of the Taylor & Francis Group
through LENA Agency, Seoul. All rights reserved.

이 책의 한국어판 저작권은 레나 에이전시를 통한 저작권자와 독점계약으로 더블북이 소유합니다. 신저작권법에 의하여 한국 내에서 보호를 받는 저작물이므로 무단 전제 및 복제를 금합니다.

일러두기

1 본문에 등장하는 외래어 인명은 국립국어원의 표준 외래어 표기법을 엄격히 준수하여 표기했습니다.
2 독자 여러분의 원활한 이해를 돕고자, 본문 내 특정 용어 중 추가 설명이 필요하다고 판단되는 경우, 해당 용어가 처음 등장할 때를 기준으로 역주(譯註)를 달거나 본문 안에서 자세히 풀이하는 방식을 택했습니다.

목차

들어가는 말　　나르시시즘의 민낯과 그림자 • 9
　　　　　　　나르시시스트, 상처입은 영혼 • 18

1장　나르시스

신화 • 37　도덕적 교훈 • 41　정신분석가와 마주 앉은 나르시스 • 43

2장　거울아, 거울아

거울 반사 • 65　또 다른 자기 • 74

3장　나르시시즘이라는 파국

나르시시스트의 세계 • 85　나르시시즘과 리더십 • 95

4장　이겨야 한다는 강박

금으로 가득 찬 그릇 • 109　탐욕과 질투: 이중 위험 • 113　진화적 관점에서 본 탐욕과 질투 • 115

5장 오만의 유혹

나르시시즘과 오만 · 125　　**도덕적 교훈** · 130

6장 오만과 응징: 죽음의 무도

하이브리스-네메시스형 지도자의 위험성 · 141

7장 악성 나르시시스트

악성 나르시시스트의 사고방식 · 157　　**악당, 하비에르** · 159　　**악의 정수精髓** · 174

8장 나르시시스트와의 한판 승부

조직을 위협하는 나르시시스트 · 192　　**험한 길을 택하다** · 197　　**'치유'에 이르는 과정** · 203　　**나르시시즘을 넘어** · 214

9장 나르시시즘을 흔드는 집단의 힘

집단 역학 • 221

10장 셀카 시대

다른 사람을 생각하기 전에 자기 자신부터 사랑하라 • 243 **사회적 요인** • 254 **다음 세상을 위하여** • 265

맺는말   결국 우리는 어디로 향하게 될까? • 271
위험 지대 • 276
나르시시즘과 겸손 • 280
선순환의 길 • 284

오만은, 눈가리개를 한 매가 어둠 속을 솟구치
듯; 눈먼 무모함으로 하늘을 향해 날아올랐다.

— 에드워드 영 Edward Young

현실적으로 볼 때, 인간이 느끼는 감정 가운데 오
만만큼 다스리기 어려운 것은 없다. 은폐하고, 이겨
내고, 억누르고, 꺾어보려 해도, 끈질기게 살아남아
어느 순간 고개를 내밀고 그 모습을 드러낸다.

— 벤저민 프랭클린 Benjamin Franklin

들어가는 말

나르시시즘의 민낯과 그림자

나르시시즘에 관한 책을 써야겠다고 마음먹은 건, 토드 필드 Todd Field의 영화《타르 Tár》때문이었다. 이 영화는 자신이 완전히 장악한 세계에서 살아가면서도 서서히 무너져 가는 한 여성의 초상을 그린다. 바로 이 대비에 의해 이 영화는 진정한 의미의 비극이 된다. 실제로 이 영화는 나르시시스트의 행동이 선과 악 양면에서 어떻게 발현되는지를 여실히 보여준다. 그렇다고 주인공 리디아 타르Lydia Tár가 자신의 영혼을 악마에게 팔지는 않지만, 재능과 도덕성은 전혀 다른 차원의 문제임을 분명히 드러낸다.

《타르》는 성공의 정점에 선 한 여성 클래식 지휘자의 이야기다. 주인공은 직업적으로 자신의 재능을 발휘하며 활동하는 한편, 몰락을 초래할 수 있는 행동도 서슴지 않는다. 현대 클래식 음악계를 배경으로 펼쳐지는 이 이야기는 예술, 욕망, 집착, 권력, 마키아벨리적 행동(Machiavellian behavior, 역자 주: 자신의 목적 달성을 위해 다른 사람을 수단으로 활용하는 전략적 행동)이라는 주제를 날카롭고 깊이 있게 탐구한다. 또한, 자신을 동성애자로 규정하고 남성적인 옷차림을 선호하며, 다른 여성과의 결혼 생활에서 주도권을 잡고 살아가는 인물의 일면도 함께 조명한다. 그러나, 그 일면은 흔히 남성과 연결되어 온 리더십의 초상이기도 하다. 그런 점에서《타르》는 성별과 관계없이 권력이 인간에게 어떤 영향을 미치는지를 보여주는 보편적 우화라고 할 수 있다. 이 작품은 권력이 어떻게 사람들의 이상과 환상을 파괴하는지를 보여주며, 우리가 선망하는 이들 역시 결국은 그저 너무나도 인간적인 존재임을 상기시킨다. 영화는 뛰어난 지휘자가 자기 경력을 일궈온 연대기로 시작되지만, 점차 SNS와 공적 도덕성 문제가 얽히면서 대중이 주인공의 결점에 주목하게 되는 과정을 보여준다.

> 권력은 사람들의 이상과 환상을 파괴한다. … 우리가 선망하는 사람들 역시 결국은 그저 너무나도 인간적인 존재다.

《타르》는 주인공 타르가 가족, 주변 인물, 그리고 그녀가 몸담은 음악 산업과 맺고 있는 복잡한 관계를 보여준다. 영화에서 드러나듯, 타르는 쉽게 오만에 빠질 수밖에 없는 위치에 있었다. 이런 맥락에서 영화는 타르가 음악 활동에 그치지 않고 자신이 속한 세계에 영향력을 행사하다가 결국 몰락하는 과정을 담아낸다. 《타르》는 본질적으로 나르시시즘과 과대망상의 거품 속에 갇힌 한 예술가의 초상이자, 주인공이 주변 사람들을 이용하여 점차 자기기만에 빠져드는 모습을 묘사한 작품이다. 이 복합적인 서사와 함께 성공과 자기파괴의 롤러코스터에 갇힌 주인공의 삶을 지켜보다 보면, 어느새 우리는 #미투 운동(#MeToo 역자 주: 성폭력 피해 사실을 공개하며 연대하는 사회 운동)과 캔슬 컬처(cancel culture 역자 주: 자신과 다른 생각을 드러낸 사람을 사회적으로 철저히 배제시키거나 심하게는 매장시켜버려 해당 인물의 직업이나 사회적 지위까지 잃게 만드는 현상)를 둘러싼 이야기의 일원이 된다.

영화에서 지휘자이자 작곡가로 등장하는 타르는 레너드 번스타인 Leonard Bernstein의 애제자로, 이 인연을 기반으로 눈부신 성공을 거둔 인물로 설정되어 있다. 영화 속 인터뷰를 통해, 타르가 클리블랜드, 보스턴, 뉴욕의 주요 관현악단을 거쳐 현재 베를린 필하모닉 관현악단에 합류한 상태이며, 뛰어난 피아니스트이

자 민족 음악학자로서 음악 대중화에도 크게 이바지한 인물임이 드러난다. 하버드 대학교에서 박사 학위를 받았으며, 에미상Emmy, 그래미상Grammy, 오스카상Oscar, 토니상Tony을 모두 받아 오직 소수만 이름을 올릴 수 있다는 EGOT 클럽의 일원이 된 사실도 언급된다. 또한, 인터뷰를 통해, 말러Mahler의 교향곡 중 단 한 작품을 남겨두고 모두 녹음을 마친 상태이며, 마지막으로 남은 제5번 교향곡의 녹음이 임박했음을 알 수 있다. 이 녹음은, 출간과 동시에 베스트셀러가 될 것으로 기대되는 자서전 『타르, 타르를 말하다 Tár on Tár』와 함께 곧 발매될 예정이었다. 영화의 도입부를 보면, 타르가 뛰어난 실력을 갖췄을 뿐 아니라 함께 일하는 이들에게도 영감을 주는 인물이었음을 쉽게 파악할 수 있다.

이 뛰어난 천재는 세계적인 공연장 무대에 오르고, 저명인사들과 교류하며, 미슐랭 식당에서 식사를 즐기고, 최고급 호텔에 머무는 등 서구 사회가 제공하는 특권을 누리며 살아간다. 하지만, 그녀의 가정과 직장에서는 점차 균열의 조짐이 나타난다. 타르는 베를린 필하모닉 관현악단의 제1 바이올린 연주자인 샤론Sharon과 결혼해, 함께 입양한 어린 딸 페트라Petra와 살고 있었다. 하지만 이들이 맺은 여러 관계에는 불안한 기운이 감돌기 시작한다. 딸은 학교에서 괴롭힘을 당하고 있었으며, 관현악단에서 오래도록 근무해 온 부지휘자는 타르가 직접 해고해야 하는 상황에 놓인 것이다. 또한, 타르의 비서이자 자신만의 음악적 야망을 지닌 프란체스카Francesca는 타르를 향한 불만을 노골적으로 드러낸다. 영화가 전개될수록, 우리는 타르가 겪는 대인관계에서 갈등이 그녀의 나르시시스트 성향에서 비롯된 것임을 깨닫게 된다. 리디아 타르는 결국, 리디아 타르 자신만을 최우선에 두는 사람이었다.

점차 우리는 뛰어난 지휘자를 보는 동시에 권력에 도취한 나르시시스트의 민낯을 보고 있음을 깨닫게 된다. 이야기가 전개될수록 타르의 가정생활은 점차 엉망이 되어가고, 단원 간의 갈등을 비롯해 관현악단 내부에서 지휘자가 조율해야 하는 문제들이 속속 터져 나온다. 관현악단에서 일종의 'CEO' 역할을 맡은 타르는 거만하고 가학적이며, 다른 사람들을 자기 뜻대로 조종하려는 마키아벨리적 성향을 드러낸다. 타르의 이런 행동을 따라가다 보면, 그녀에게 지휘란 *민주적*이라기보다는 오히려 독재에 가까운 행위였음을 알 수 있다. 타르는 제왕적인 방식을 오랫동안 고수해 왔다. 그러나 여러 사람들과 얽힌 문제 상황을 다루는 과정에서 그녀가 드러낸 나르시시스트 성향은 결국 주변 사람들 눈에도 띄기 시작한다.

 타르는 강한 성적 욕망을 지닌 인물로도 묘사된다. 이 대목에서 영화가 제기하는 또 다른 문제는, 과연 예술과 예술가를 따로 떼어 보아야 하는지, 만약 그렇다면 그 방법은 무엇인지에 관한 것이다. 이 문제는 타르가 뉴욕 줄리아드 음악원Juilliard School of Music에서 초청 강연하는 장면에서 명확하게 드러난다. 강의 중 타르는 지휘자를 꿈꾸는 젊은 비백인非白人 동성애자 학생과 설전을 벌인다. 학생이 작곡가 바흐Bach가 가부장적인 삶을 살았다는 이유로 그의 음악을 평가절하하자, 타르는 "세상에, SNS가 만들어 낸 영혼의 소유자를 여기서 만나네요."라고 비꼬며 이른바 캔슬 컬처에 대해 날 선 비판을 쏟아낸다. 그러자 화가 난 학생은 "완전히 맛이 간 여자네!"라는 말을 남기고 강의실을 박차고 나가버린다. 이 장면은 타르의 오만함은 물론, 그녀에게 잠재된 거친 본능이 드러난 순간이라 할 수 있다.

 타르에게는 분명 '과한' 면이 있었다. 바흐를 둘러싼 학생과의 논쟁에서도 알 수 있듯, 타르는 예술가가 개인의 도덕적 결함으로 주목받는 상황을 원치 않았다. 아마 자신도 그런 과오에서 자유롭지 않다는 사실을 잘 알고 있었기 때문일 것이다. 그녀는 예술 그 자체의 가치를 절대적으로 신봉했고, 예술과 예술가 개인의 도덕성은 별개의 문제라는 신념을 갖고 있었다. 이런 관점에서 보면, 타르는 많은 치부를 감추고 살아가는 인물이었다. 실제로 타르는 젊은 여성 지휘자 지망생들을 지속적으로 유혹했으며, 그중에는 그녀의 압박을 견디지 못하고 스스로 생을 마감한 제자도 있었다. 또한 타르는 자신의 눈길을 끈 한 여성 연주자를 채용하려고 일부러 계략을 꾸미기도 했다. 결국, 성적 욕망을 억제하지 못한 채, 이를 충족시키기 위해 권력과 명성을 남용한 타르는 파국을 맞는다. 그러나 이 같은 비극이 전개되는 동안, 주변 사람들은 전통적 규범의 잣대를 적용하기에는 너무도 비범한 이 여성을 어떻게 대해야 할지 갈피를 잡지 못한다. 타르처럼 탁월한 재능을 지닌 인물을 단지 성적 취향만으로 평가하기란 쉽지 않은 일이기 때문이다.

  타르의 나르시시스트 성향을 고려하면, 아내 샤론이 타르의 인간관계가-입양한 딸과의 관계를 제외하고-모두 '계산적'이라고 묘사한 이유를 이해할 수 있다. 타르는 자신의 재능과 지위를 무기로 파괴적인 나르시시스트 행동을 오랫동안 이어올 수 있었다. 그러나 아무리 음악과 지휘에 뛰어나다고 해도, 영원히 지속되는 성공은 없다. 그녀의 행동은 끝내 자기 몰락을 자초했고, 영화는 타르의 삶이 무너지고 혼란에 빠져가는 과정을 그려낸다.

모두가 알다시피, 거만한 존재일수록 더 무너지기 쉽다.

겉으로는 냉철하고 태연해 보이지만 죄책감, 수치심, 불안이 서서히 타르를 잠식해 가면서 주변 인물들도 고통을 겪는다. 그렇게 타르는 자신이 만들어 낸 지옥 속으로 조금씩 빠져든다. 불면에 시달리고, 초감각적 환영을 경험했으며, 일에서 얻는 만족이 줄어든 것은 물론, 친구와 연인마저 그녀의 곁을 떠난다. 하지만 타르는 성공한 지휘자로서의 명성을 지키기 위해, 이러한 문제들을 끊임없이 감추려 애쓴다. 실제로 타르에게는 오랫동안 수많은 일탈을 덮고 넘긴 전력이 있었다.

거만한 존재일수록 더 무너지기 쉽다.

타르의 행동을 보면, 규칙은 타인을 위한 것일 뿐 자신에게는 적용되지 않는다고 믿는 전형적인 나르시시스트의 면모가 드러난다. 타르는 누구나 쉽게 알아차릴 수 있을 만큼 강한 특권 의식을 갖고 있었으며, 그 특권 의식에는 성적 일탈도 포함되어 있었다. 이런 점에서 볼 때, 클래식 음악계는 타르의 나르시시스트 성향을 충족시키기에 더없이 적합한 세계였다. 어쩌면 음악이라는 예술이 다른 분야보다 더 고귀하다는 인식 자체가, 이 분야에 몸담은 이들로 하여금 자신에게 신성한 권리가 부여되어 있다는 착각을 갖게 했을지 모를 일이다.

결국, 타르는 자신의 과거에 발목이 잡히고 만다. 사실이든, 과장이든, 아니면 조작이든 간에, 과거에 자신이 저질렀던 잘못이 발각되면서, 지금껏 쌓아 올린 사회적 지위와 기반, 명성을 모두 잃고 몰락하고 만다. 더불어, 자기 경력을 완성할 마지막 기회였던 말러의 교향곡 5번을 지휘할 기회마저 잃는다. 게다가, 타르의 성적 일탈과 소통의 단절에 격분한 샤론은 더 이상 그녀가 딸을 만나는 것조차 용납하지 않는다.

계속된 좌절 끝에 자신의 옛 작업실로 숨어든 타르는 점점 더 깊은 우울감에 빠져 정신적으로 불안정해진다. 캔슬 컬처(타르가 마땅히 감당해야 할 심판)가 끝내 그녀를 추적해 찾아냈고, 영화 막바지에는 삶의 밑바닥까지 추락한 모습으로 그려진다. 결국, 타르는 어린 시절 살았던 소박한 고향집으로 돌아간다. 그 집 벽에는 '린다 타르Linda Tarr'라는 본명을 쓰던 시절에 받은 상장들이 걸려 있다. 그곳에서 타르는 레너드 번스타인이 음악의 의미에 관해 이야기하던 *청소년 음악회*(역자 주: 뉴욕 필하모닉 관현악단이 청소년을 대상으로 진행한 교육용 콘서트 시리즈)의 옛 영상을 보며 눈물을 흘린다. 타르가 그 집에 머무는 동안 오빠 토니Tony가 찾아와 타르가 자신의 뿌리를 잊고 살았다는 점을 상기시킨다. 그리고 마지막 장면에서는, 마치 씁쓸한 농담처럼, 이름 모를 동남아시아의 한 도시에서 열린 코스프레 행사에서 타르가 비디오 게임의 배경 음악을 지휘하는 모습이 그려진다. 그 게임의 제목은 괴물 사냥꾼 Monster Hunter. 하지만 역설적이게도, 타르라는 괴물은 결국 사냥당하고 말았다.

이 영화는 우리에게 많은 질문을 던진다. 성공을 향해 나아가는 과정에서 타르는 얼마나 많은 사람들을 짓밟고 올라섰나? 또 얼마나 많은 사람을 이용하고 버렸는가? 이것이 나르시시즘의 본질인가? 다른 선택지는 없었는가? 또한 다음과 같은 질문도 계속 이어질 수 있다. 타르 같은 나르시시스트는 존경받아야 하는가, 아니면 비난받아야 하는가? 그리고 예술가는 오직 작품만으로 평가받아야 하는가, 아니면 그들이 삶을 대하는 태도까지 함께 평가받아야 하는가?

나르시시스트, 상처입은 영혼

나르시시즘은 자체적인 중력을 갖고 우리 모두를 끌어당

긴다.

나는 《타르》를 계기로 나르시시즘에 관한 글을 쓰기로 결심했다. 이 주제에 집중하게 된 이유는 오늘날 나르시시즘 성향의 행동이 마치 팬데믹처럼 확산되고 있다는 인상을 받았기 때문이다. 이 현상은 일상뿐 아니라 잘 알려진 정치인과 기업인들에게서도 쉽게 관찰된다. 마치 나르시시즘이 자체적인 중력을 갖고 우리 모두를 끌어당기는 것처럼 보일 정도다. 리더십은 결코 인기 경쟁이 되어서는 안 되며, 리더는 자신의 자아를 내려놓을 수 있어야 한다. 하지만, 현실은 그렇지 못하다. 안타깝게도, 자신의 자아에 얽매인 리더는 결국 길을 잃고 만다.

물론 나르시시즘은 언제나 인간 본성의 일부였다. 그러나 기술의 발전은 나르시시즘의 표현 양상을 크게 바꾸어 놓았다. 이와 관련해 가장 큰 영향을 미쳐온 것은 바로 사회관계망서비스 SNS다. 인스타그램 Instagram, 페이스북 Facebook, 텔레그램 Telegram, 링크드인 LinkedIn, 틱톡 TikTok과 같은 플랫폼의 등장은 사람들이 자신의 삶을 선택적으로 편집하고 외모, 일상, 성취 결과 등을 실제보다 많이 부풀려 공유할 수 있는 공간을 제공했다. 이는 자기 홍보와 비교를 당연시하는 문화를 조장하며, 소위 말하는 '셀카 문화'를 낳았다. 필터와 보정 기능을 사용해 셀카를 찍고 게시하는 행위는 자기중심적인 태도이자 타인으로부터 인정받고자 하는 욕구의 표현이며, 결국 나르시시즘 성향의 행동을 부추기는 요인이다. 끊임없이 주목받고자 하는 이 욕망은 유명인을 추종하며 그들의 생활 방식을 따라 하려는 태도와도 맞물려 있다. 특히 우리가 소비 중심 문화 속에서 살아가는 한, 이러한 현상들은 소비주의라는 그늘을 벗어날 수 없다. 개인이 소유한 물건이나 지위를 드러내는 수단을 과도하게 강조하는 이 같은 사회적 환경은 다시금 자기중심적인 행동을 부추긴다. 리더와 팔로워 사이에서 나타나는 이러한 사회문화적 변화들은, 내가 이 책에서 나르시시즘을 깊이 탐구해 보기로 마음먹은 이유 중 하나이기도 하다.

이 탐구의 출발점으로, 1장에서는 나르시스 신화를 심층적으로 들여다본다. 행동 발달의 관점에서 나르시스를 면밀히 분석하고, 인간 발달에 중요한 '거울 반사 mirroring'와 '이중자 the double' 같은 개념들도 함께 검토한다. 나르시스 신화를 현대적 시각에서 다각도로 바라봄으로써, 나르시시즘이라는 수수께끼를 보다 깊이 있게 이해할 수 있을 것이다.

이 책은 이어서 나르시시즘의 본질을 이해하는 데 도움이 되는 몇 가지 핵심 질문을 다룬다. 나르시스는 어떤 인물이었으며, 왜 그런 행동을 했는가? 물에 비친 모습이 자신의 사랑에 응답하지 않을 때, 왜 그는 그토록 괴로워했는가? 이 신화가 문화적 관점에서 오래도록 중요한 의미를 지닌 이유는 무엇이며, 오늘날까지 그 영향력이 지속되는 이유는 무엇인가? 그리고 무엇보다, 나르시시스트 성향의 행동에 숨겨진 심리적 역학이 우리의 행동 방식에 대해 시사하는 바는 무엇인가?

이 책은 나르시시스트 성향의 행동을 자기 자신에게 반사적으로 관심을 돌리려는 태도에서 비롯된 것으로 해석하고, 그 이유를 나르시시스트가 어린 시절 경험을 통해 타인이 자신의 욕구를 채워주지 않을 것이라 믿게 되었기 때문이라고 본다. 실제로 나르시시스트는 세상이 결코 자기중심으로 돌아가지 않으며, 모든 것이 자기와 관련된 것은 아니라는 사실에 괴로워한다. 한편, 이 책은 인간이라는 존재는 생존을 위해 어느 정도 나르시시즘 성향을 보일 수밖에 없다는 점도 함께 언급한다. 각자의 사회적 역할을 효율적으로 수행하기 위해서는 일정 수준의 나르시시즘과 자기 고양(self-enhancement, 역자 주: 자기를 긍정적으로 인식하고 평가하려는 심리적 경향)이 필요하다. 사실, 자기 고양의 정도가 지나치게 낮을 경우, 삶에 만족하기 어렵다.

나르시시즘은 불안을 잠재우는 마취제가 된다

그러나 우리는 나르시시즘 성향의 행동이 유해하다는 것을 곧 알게 된다. 나르시스 신화는 단지 스스로에게 도취해 연못에 비친 자기 모습을 사랑스럽게 바라보는 한 젊은이의 이야기가 아니다. 이 이야기에는 그런 표면적 이미지 너머의 의미가 담겨 있다. 나르시시스트가 겉으로 드러내는 자신감의 이면을 들여다보면, 감정적으로 상처 입은 영혼들, 즉 타인의 관심을 갈망하며 오직 자기 자신에게만 매몰되어 있는 사람들을 발견하게 된다. 이들은 중요한 존재로 인정받기 위해 필사적으로 노력한다. 그리고 이 과정에서 나르시시즘은 불안을 잠재우는 마취제가 된다. 나르시시즘 성향이 강한 사람들은 마음 한구석에, 겁에 질린 어린아이를 숨긴 채, 자신이 눈에 띨 만큼 특별하지 않다거나, 사랑받을 자격이 없다거나, 아니면 어디에도 속할 수 없을지 모른다는 두려움을 안고 살아간다. 다시 말해, 받아들이고 싶지 않은 진실로부터 자신을 보호하기 위해 과도하게 자기애를 드러내는 것이다. 결국, 나르시시즘 성향의 행동은 일종의 생존 전략이라고 볼 수 있다. 그러나 이 생존 전략에는 대가가 따른다. 나르시시스트는 감정을 깊이 느끼지 못하기 때문에, 진정으로 타인에게 공감하거나 연민을 느끼지 못한다.

> 나르시시즘 성향이 강한 사람들은 마음 한구석에 겁에 질린 어린아이를 숨긴 채, 자신이 눈에 띌 만큼 특별하지 않다거나, 사랑받을 자격이 없다거나, 아니면 어디에도 속할 수 없을지 모른다는 두려움을 안고 살아간다.

하지만 나르시시즘은 매우 복합적인 현상이며 그 종류도 다양하기 때문에, 이 책은 나르시시즘적 행동의 여러 양상을 먼저 소개한 다음, 이를 건설적인constructive 유형과 반응적인reactive 유형으로 나누어 논의를 전개한다. 나아가 나르시시즘적 양상과 리더십 행동 간의 연관성도 함께 살펴본다. 아울러, 매우 파괴적인 형태의 나르시시즘인 *악성 나르시시즘*malignant narcissism에 대해서도 알아본다. 이같은 병리적 나르시시즘을 지닌 사람들은 세상을 극도로 위협적인 장소로 인식하며, 자신과 온전히 관련된 일이 아닌 이상 타인에 대해 거의 관심을 두지 않는다. 따라서 타인을 오직 자신의 욕구를 채우기 위한 수단으로 여기는 태도가 이들의 삶 전반에 깊이 스며들게 된다. 악성 나르시시스트는 또한 자기애적 거품 속에 갇혀 살아간다. 실제로 이들은 자신이 특별하다는 믿음을 지키기 위해, 자신들의 세계관과 철학에 맞게 현실을 왜곡하거나 심지어 새로운 가상 현실을 만들어 내기도 한다. 따라서 리더십이 요구되는 상황일수록, 악성 나르시시스트는 주변 사람들에게 극도로 파괴적인 영향을 미칠 수 있다.

> 적절한 수준의 경쟁심은 인간의 본성이지만, 나르시시스트에게 경쟁심은 삶 전반을 지배하는 성격적 기질로 변질될 수 있다.

4장에서는 나르시시스트가 어떻게 생각하고 행동하는지에 대한 이해를 돕기 위해, 승리에 대한 이들의 강박을 다룬다. 적절한 수준의 경쟁심은 인간의 본성이지만, 나르시시스트에게 경쟁심은 삶 전반을 지배하는 성격적 기질로 변질될 수 있다. 그 결과 이들은 세상을 오로지 '승자'와 '패자'로 나누어 보고, 패배를 용납하지 않는다. 나르시시스트는 어떤 대가를 감수하고서라도 *반드시* 이겨야 하며, 자기보다 더 성공한 것 같은 사람들에게 질투를 느끼고, 결국 그들을 능가하기 위해 무슨 일이든 한다.

5장에서는, 다시 한번 그리스 신화로 돌아가, 오만이라는 주제에 주목한다. 먼저, 나르시시스트가 무모한 자만심에 쉽게 빠질 수는 있지만, 그렇다고 해서 나르시시즘을 오만과 동일시해서는 안 된다는 점을 강조한다. 나르시시스트는 자신의 과장된 자아 이미지를 반복적으로 강화하며 이를 유지할 수 있는 현실을 구축하려 애쓴다. 하지만 권력에 도취하더라도, 오만에 빠진 사람처럼 현실 감각을 완전히 잃지는 않는다는 점에서 차이가 있다. 오만에 빠진 사람은 극단적으로 행동하며, 자신에게 어떤 제약도 두지 않는다. 따라서 나르시시즘은 비교적 안정된 성격적 특질로 이해할 수 있지만, 오만은 막대한 권력을 손에 쥔 결과 나타나는 성격의 변화로 볼 수 있다. 또한, 나르시시즘 성향의 행동에는 어두운 면과 밝은 면이 함께 공존하는 반면, 오만에서 비롯된 행동은 대체로 정상 기능을 상실한 과잉 상태로 나타난다.

> 나르시시즘 성향의 행동에는 어두운 면과 밝은 면이 함께 존재할 수 있지만, 오만에서 비롯된 행동은 대체로 정상적 기능을 상실한 과잉 상태로 나타난다.

이어지는 논의에서는, 나르시시즘 성향의 행동을 리더십 맥락에서 살펴본다. 권력을 가진 사람일수록 부적절한 행동을 보일 가능성이 높으며, 이러한 행동은 종종 의도치 않은 부정적인 결과를 초래할 수 있다. 나르시시스트는 눈앞의 현실을 제대로 '보지' 못하고, 종종 자기만의 현실을 만들어 내는 경향이 있다. 마치 시야가 흐려 앞을 똑바로 볼 수 없는 상태와도 같다. '권력은 머리를 부풀려 왕관을 산산조각 낸다'라는 말은 이러한 상황을 적절하게 표현해 준다. 이러한 관찰을 바탕으로, 나르시시스트 유형의 리더들을 상대할 때 활용할 수 있는 견제 전략들을 함께 소개한다.

> 권력은 머리를 부풀려 왕관을 산산조각 낸다.

6장에서는 다시 그리스 신화로 돌아가, 나르시스와 여신 네메시스Nemesis의 관계를 오만의 맥락에서 탐구한다. 여신 하이브리스Hybris / Hubris와 네메시스는 겉보기에는 서로 반대되는 존재처럼 보이지만, 결합하면 양립 가능한 모순으로 작용할 수 있다. 더 나아가 이 두 힘이 결합하면 서로를 강화하며 단순한 합을 넘어서는 강력한 힘을 만들어 낸다. 본문에서 다루겠지만, 리더십 맥락에서 이러한 특성이 결합된 사람은 매우 위험하다. 하이브리스-네메시스 결합은 폭발적인 하나의 구조로 전환되어, 강력한 심리적 역학을 만들어 내고 특히 힘없는 약자들의 마음을 뒤흔든다. 결국, 하이브리스-네메시스형 리더가 보여주는 권력 및 주체성 과시 행동은 추종자들에게 자신의 존재론적 불안이 통제될 수 있다는 잘못된 인식을 심어주고, 그 결과 절망감과 고립감은 더욱 심화된다. 그러다 보면, 추종자들은 하이브리스-네메시스형 리더의 주장을 쉽게 받아들이고 기꺼이 자신의 책임을 내려놓는다. 이들은 자신이 겪은 부당함을 바로잡아 줄 '구원자'로 리더를 인식하며 자연스럽게 그를 따른다. 하지만 안타깝게도, 이 관계는 파우스트적 거래Faustian pact, 즉 악마와의 거래에 비유될 수 있다. 하이브리스-네메시스형 리더의 강한 심리적 지배력으로 인해, 지지자들은 흔히 대의라는 명분 아래 리더가 벌이는 부적절한 행동조차 정당화하거나 합리화하게 된다.

7장과 8장을 통해 더욱 분명해지는 사실은, 나르시시스트의 행동을 다루기가 매우 까다롭다는 점이다. 나르시시스트는 변화에 강하게 저항하는 경향이 있다. 그럼에도 불구하고, 이 책은 개인과 집단 차원에서 나르시시스트를 대할 때 사용할 수 있는 다양한 전략을 소개하고, 그들의 자기중심성을 바로잡는 방법을 논의한다. 한편, 나르시시스트를 다룰 때, '치유'를 기대하고 접근해서는 안 된다는 점 역시 강조한다. 조화롭고 성숙한 인간으로 살아가며 진정한 의미의 자아실현을 이루기 위해서는 타인과의 연결과 공감이 필수적이지만, 나르시시스트에게는 이러한 요소가 결여되어 있다. 이들은 오직 자신을 챙기는 데 몰두한다. 또한, 타인의 찬사를 향한 갈망은 흡사 마약과도 같다.

> 나르시시스트는 자신이 그렇게 된 이유를 돌아보려 하지 않을 뿐 아니라, 매력과 카리스마를 무기 삼아 자신의 문제 행동을 교묘하게 감추고 방어하려 한다.

그러나 칭찬을 받고자 하는 이 강박적인 욕망은 다루기가 매우 어렵다. 상황을 더욱 어렵게 만드는 것은, 나르시시스트의 행동이 자아 동조적(ego-syntonic, 역자 주: 자기 행동이나 성향에 문제가 없다고 느끼는 상태)이어서 자기 행동이 얼마나 해로운지 알지 못한다는 데 있다. 따라서 나르시시스트는 자신을 돌아보려 하지 않을 뿐 아니라, 오히려 매력과 카리스마를 무기 삼아 문제가 될 만한 행동을 교묘하게 감추고 방어한다. 그럼에도, 이 책은 나르시시스트가 자기 행동을 되짚어 봄으로써 문제를 인식해 행동을 수정할 수 있다고 주장한다. 이를 위해, 개인과 집단 차원에서 다양한 변화 사례를 언급하고, 작업 동맹working alliance, 감정 기복emotional seesaw, 회색 돌 기법grey rock approach, 경계 설정과 관리 boundary management, 소크라테스식 질문법 Socratic questioning, 샌드위치 기법 sandwich tactic, 공감하는 태도의 필요성 같은 주요 개념을 소개한다. 아울러, 9장에서는 집단 차원에서의 변화를 이끌어 내기 위해서는 집단 전체에 작용하는 심리적 역학이 얼마나 중요한지도 강조한다.

> 나르시시즘은 일종의 전염병처럼 퍼지고 있으며, 어느새 사회적으로 조금도 문제 될 것이 없는 듯 용인되고 있다.

마지막 장에서는, 보다 거시적인 관점에서 나르시시스트 행동이 사회에 미치는 영향에 주목하고, SNS가 누구에게나 있는 나르시시스트 성향을 증폭시킬 위험이 있음을 알린다. 또한, 나르시시즘이 일종의 전염병처럼 퍼지고 있으며, 어느새 사회적으로 조금도 문제 될 것이 없는 듯 용인되고 있음을 지적한다.

> 형식적이고 피상적인 평가에서 벗어나 자기 내면에서 본질적인 자기 확신의 원천을 찾아야 한다.

사실, 소비주의, 개인주의, 경쟁 욕구, 정체성 기반의 정치는 현대 사회가 집단적 나르시시즘-즉 자기 숭배 문화-을 부추기는 자기 미화 현상을 어떻게 강화해 왔는지를 보여주는 대표적인 예라고 할 수 있다. 특히, SNS는 우리가 진짜 자아를 감춘 채 자기기만이라는 가면을 쓰고 세상에 나올 수 있는 환경을 제공했다. 하지만, 이 책은 거울을 들여다본다고 해서 우리가 살아가며 겪는 문제들을 해결할 답을 찾을 수 있는 것이 아님을 지적한다. 특히 윤리적·이념적 가치를 중시하는 *내적 요소*는 외부 활동이나 조건 같은 *외적 요소*보다 더 중요하게 여겨져야 한다. 따라서 형식적이고 피상적인 평가에서 벗어나, 자신의 내면에서 본질적인 자기 확신의 원천을 찾아야 한다. 삶의 진정한 의미를 찾고자 한다면 나르시시스트 성향의 행동을 인식하고 넘어설 수 있어야 하는 것은 물론이다. 자기중심성을 내려놓고 타인을 위한 삶을 살아보기 전에는 누구도 삶의 의미를 제대로 이해했다고 할 수 없다. *호모 사피엔스*는 자기 자신을 넘어 더 큰 목적을 추구할 때 비로소 진정으로 번영할 수 있다.

> 자기중심성을 내려놓고 타인을 위한 삶을 살아보기 전에는 누구도 삶의 의미를 제대로 이해했다고 할 수 없다. 호모 *사피엔스*는 자기 자신을 넘어 더 큰 목적을 추구할 때 비로소

진정으로 번영할 수 있다.

그러나 나르시시즘과 관련된 거시적 문제들에 주목하기에 앞서, 이 책이 왜 고대 나르시스 신화를 출발점으로 삼았는지 다시 짚고 넘어갈 필요가 있다. 나르시스 신화는, 어쩌면 자신의 모습을 비추어 보는 것이 불길하거나 심지어 치명적일 수 있다는 고대 그리스의 미신에서 유래했을지도 모른다. 그리고 우리 모두 한 번쯤 경험해 보았듯, 거울 속 자신을 바라보는 행위는 자기애와 자신감은 물론, 자기 의심과 불안에 이르는 다양한 감정을 불러일으키기도 한다. 따라서 거울을 응시하는 행위는 평소 외부 세계를 바라볼 때는 보이지 않던 우리 내면의 모습을 마주하게 하고 관점을 전환시키는 데 있어 결정적인 역할을 할 수 있다.

참고 영상

1. Todd Field (dir.) (2022). *Tár* [영화]. Focus Pictures and Universal Pictures.

인용문 출처

- Edward Young (1798/1742–1745). "Night VI." In *Night Thoughts*. London: Printed by C. Whittingham for T. Heptinstall, line 324.

- Benjamin Franklin (1940/1784). "Continuation of the Account of my Life, begun at Passy, near Paris, 1784." In *The Autobiography of Benjamin Franklin*. New York: Books Inc.

1장
나르시스

사랑에 빠진 처녀, 홀로 있는 청년 보고
기쁨에 마음 들떠 그의 뒤를 따라가네.
그에게 다가가니 따스하게 빛이 돌고
유황에 불붙은 듯 처녀 마음 타오르네.
가슴에 감춘 열망 드러내고 싶었지만,
사랑에 빠진 고통 토로하고 싶었지만,
아무 말 남지 않아, 그 맘 전할 도리 없네.

— 오비디우스 Ovid

그리고 나르시스의 이야기에는 더 깊은 의미가 담겨 있다. 나르시스는 샘물 속에 비친 애달픈 모습을 붙잡을 수 없자, 물속으로 몸을 던져 유명을 달리했다. 그러나 우리 또한 모든 강과 바다에서 그 모습을 본다. 결코 붙잡을 수 없는 삶의 환영, 그것이야말로 삶을 이해하는 핵심이다.

— 허먼 멜빌 Herman Melville

세상은 거대한 거울 … 우리가 바라보는 방식 그대로 우리 삶을 되비춘다.

— 엘 프랭크 바움 L. Frank Baum

신화

나르시스 신화는 그야말로 널리 알려진 이야기 중 하나다. 이 신화는 서구 문명의 태동기 이래로 수많은 예술가와 작가들의 창작에 밑거름이 되어 왔다. 고대 폼페이 지역에서는 나르시스를 그린 벽화가 여럿 발견되었으며, 카라바조Caravaggio, 살바도르 달리Salvador Dali, 루시언 프로이드Lucien Freud 같은 화가는 물론 스탕달Stendhal, 표도르 도스토옙스키Fyodor Dostoevsky, 오스카 와일드Oscar Wilde, 조지프 콘래드Joseph Conrad, 라이너 마리아 릴케Rainer Maria Rilke 같은 소설가와 시인들에게도 영감을 주었다. 나르시스라는 인물은 영화, 텔레비전, 음악에도 자주 등장했으며, 이 신화의 핵심 요소인 거울 반사(mirroring, 역자 주: 타인이나 외부 세계를 통해 자신을 인식하는 심리적 반응)는 레오나르도 다 빈치Leonardo da Vinci, 얀 반 에이크Jan Van Eyck, 디에고 벨라스케스Diego Velázquez, 에두아르 마네Edouard Manet, 르네 마그리트René Magritte 같은 예술가들의 상상력을 자극했다. 또한, 대표적인 성격 장애 중 하나로 언급되는 '나르시시즘' 역시 나르시스의 행동에서 비롯된 용어다.

나르시스 이야기는 그리스 신화와 로마 신화로 나뉜다. 세부 내용은 다소 다르지만, 두 신화의 전체적인 줄거리는 거의 동일하다. 우선, 두 신화 모두, 나르시스를 강의 신 케피소스Cephissus가 물의 님프 리리오페Liriope를 겁탈하여 얻은 아들로 설정한다. 나르시스를 출산한 직후, 리리오페는 눈먼 예언자 티레시아스Tiresias를 찾아가 아들의 앞날을 묻는다. 그러자 티레시아스는 "자기 자신을 알아보는 순간 파멸할 운명"이라고 예언한다. 고대 그리스의 이상이자, 델포이 아폴론 신전 입구에 새겨진 격언 '너 자신을 알라'와 정면으로 배치되는 이 예언은 나르시스에게 파멸이 임박했음을 암시했다. 하지만 이 운명을 피할 방법도 있었다. 리리오페가 아들이 자신을 비춰볼 수 있는 거울이나 다른 반사체들을 미리 없애기만 하면 될 일이었기 때문이다.

> 나르시스는 "자기 자신을 알아보는 순간 파멸할 운명"이라는 예언을 받았다.

이 신화는 또한 나르시스를 더없이 아름다운 인물로 묘사한다. 실제로 그는 인류 역사상 가장 수려한 존재로 여겨졌다. 나르시스를 본 사람은 남녀를 불문하고 모두 한눈에 사랑에 빠졌지만, 나르시스는 언제나 그 마음을 냉소와 경멸로 외면했다.

그리스 신화에는, 나르시스를 열렬히 흠모한 아메이니아스Ameinias라는 남성이 등장한다. 나르시스는 누구에게나 그랬듯 아메이니아스의 구애 역시 거절했지만, 얼마 뒤에는 자결할 것을 냉혹하게 요구하며 그에게 검을 건넨다. 아메이니아스는 그 검으로 스스로 목숨을 끊으며 나르시스를 저주했고, 신들이 그에게 벌을 내리길 기도했다. 아메이니아스의 마지막 소원은 복수와 정의의 여신 네메시스Nemesis에게 전해졌다. 신화에 따르면, 네메시스가 데려간 연못에서 나르시스는 처음으로 물 위에 비친 자기 모습을 마주한다. 자신의 아름다움에 사로잡혀 그 모습에서 눈을 떼지 못한 나르시스는, 결국 가장 간절히 원하면서도 가질 수 없는 대상 앞에서 비참하게 죽음을 맞는다. 그리고 자기 모습에 집착한 나르시스에게는 영원히 지하 세계에 머물라는 벌이 내려진다.

사실 우리에게 가장 친숙한 나르시스 신화는 로마 시인 오비디우스Ovid의 『변신 이야기Metamorphoses』에 나오는 버전이다. 이 이야기에는 님프 에코Echo가 등장한다. 제우스Zeus는 잘 알려진 바람둥이로, 님프들과 어울리기를 즐기며 자주 그들을 찾아갔다. 신들의 왕인 제우스의 이 같은 바람기는 당연히 아내 헤라Hera의 질투를 불러일으켰다. 그러나 외도가 발각될 위기마다, 에코는 헤라의 주의를 돌려 제우스가 도망칠 시간을 벌어주었다. 결국 이 사실을 알게 된 헤라는 에코에게 더는 자기 생각을 말로 표현하지 못하고 오직 남의 말을 따라 되풀이해야 하는 벌을 내린다. 충격에 빠진 에코는 수치심에 휩싸여 깊은 숲속 동굴로 숨어든다. 그리고 그곳에서 나르시스를 만나, 모두가 예상하듯, 한눈에 사랑에 빠진다. 그러나 나르시스는 언제나 그랬듯 에코의 사랑에도 냉담한 반응을 보인다. 슬픔에 빠진 에코는 점점 야위어 가다가, 오직 목소리만 남긴 채 흔적도 없이 사라진다. 하지만 그렇게 사라지기 전, 에코는 신들에게 나르시스를 벌해 달라고 기도했고, 그 결과 나르시스는 자기애에 빠져 죽음을 맞는다. 에코가 나르시스의 시신을 수습하기 위해 연못으로 돌아가 보았지만, 그 자리에 남아 있던 것은 금빛과 흰빛이 어우러진 향기로운 꽃 한 송이뿐이었다.

이보다는 시기적으로 늦고 또 덜 알려졌지만, 로마의 지리학자 파우사니아스Pausanias가 쓴 나르시스 이야기도 있다. 이 이야기에서 나르시스를 사로잡은 것은 *자기애*가 아니라, 자신이 사랑하던 쌍둥이 누이를 잃은 슬픔이었다. 쌍둥이 누이가 세상을 떠난 뒤, 연못을 찾아간 나르시스는 수면 위로 비친 자기 모습을 죽은 누이라고 믿으려 애쓰며 슬픔을 달래보지만, 결국 애통한 마음에 잠긴 채 점점 야위어 간다.

도덕적 교훈

결국, 다른 많은 신화와 마찬가지로, 나르시스 신화는 자만과 자기 집착의 끝에는 비참한 운명이 기다리고 있다는 도덕적 교훈을 전하는 이야기다.

> 나르시스 신화는 자만과 자기 집착의 끝에는 비참한 운명이 기다리고 있다는 도덕적 교훈을 전하는 이야기다.

나르시스 신화에는 자기 자신에게 과도하게 도취해서는 안 된다는 경고가 담겨 있다. 나르시스는 분명 다른 사람의 감정을 조금도 살피지 않았고, 타인을 그저 자신이 대단하고 특별한 존재임을 확인하기 위한 수단 정도로 여겼다. 그 결과, 그는 샘물에 비친 모습이 자신이라는 사실을 알아차리지 못했다. 어쩌면 자신의 매력에 넘어가지 않는 유일한 존재를 마주했다고 생각했을지도 모른다. 샘물 속 모습이 자신이 익숙한 방식대로 반응하지 않자, 나르시스는 혼란에 빠졌고, 결국 눈먼 예언자 티레시아스의 예언은 현실이 되었다. 아무런 반응 없이 자신을 바라보기만 하는 그 모습 앞에서, 나르시스는 끝내 자아가 사라진 망각 속으로 스러지고 말았다. 그날 이후, 수선화 narcissus flower는 봄마다 다시 피어나 자기중심적 태도의 위험성을 일깨우며 자아를 경계하라고 경고한다. 자기애는, 파멸의 전조다.

나르시스 신화는 시대를 뛰어넘은 이야기로, 오늘날에도 여전히 유효한 메시지를 전한다. 특히 과도한 자기중심성을 경계하라는 도덕적 경고를 담고 있으며, 허영과 오만에 사로잡히면 정작 삶에서 중요한 것들을 놓칠 수 있음을 일깨운다. 나르시스는 역설적이게도 자신에게 지나치게 몰두한 나머지 자기 잠재력을 억눌렀고, 결국 성장이 멈춘 전형적인 사례로 남게 되었다.

> 허영과 오만에 사로잡히면 정작 삶에서 중요한 것들을 놓칠 수 있다.

또한 이 신화는 우리의 행동이 타인에게 어떤 영향을 미칠 수 있는지를 재고해 보게 한다. 그런 점에서 '내가 대우받고 싶은 대로 타인을 대하라'는 황금률의 의미가 담겨 있다고도 할 수 있다. 공감과 연민을 배워야 한다. 나르시스처럼 자신에게 호감을 보이는 사람의 마음을 무시하거나 가볍게 여겨서는 안 된다.

이 비극적인 이야기 속에는 또 다른 교훈도 있다. 첫 번째는 청춘이 감정적으로 미성숙한 시기라는 점이다. 어떤 버전의 신화든 나르시스는 어리석고 이기적인 *청년*으로 묘사된다. 이 시기에 외모에 집착하는 것은 흔한 일이다. 두 번째로, 이 신화에는 젊은 세대가 세상이라는 큰 틀 속에서 자신이 맡은 역할을 이해해야 한다는 암묵적인 교훈도 담겨 있다. 비록 아직 젊다 해도, 자신의 행동이 어떤 결과를 초래할지를 자각할 필요가 있다는 뜻이다.

정신분석가와 마주 앉은 나르시스

나르시스 신화가 가진 주제의 풍성함은 여러 차원에서 뚜렷하게 드러난다. 앞서 살펴보았듯이, 교훈적인 내용을 담은 이야기로서 오랜 시간 독자들의 사랑을 받아온 이 신화는 발달 이론의 관점에서도 의미 있는 통찰을 제공한다. 가령, 나르시스가 정신분석가와 마주 앉아 있다고 상상해 보자. 나르시스는 외모가 출중하지만 이기적인 데다 타인을 존중하지 않으며, 사회적 관계를 형성할 능력도 뚜렷한 직업도 없는 인물이다. 게다가 그는 겁탈로 잉태되었고, 어머니는 강한 양가감정 속에서 그를 과잉보호하며 키웠다. 그 결과, 나르시스는 자기중심적이지만 정작 자기 인식은 결여된 상태로 성장하게 되었다. 자기 감정에 대한 이 같은 이해 부족은 사고의 왜곡을 낳았고 결국 자기 파괴라는 결말로 이어졌다. 감성지능이 낮았던 탓에 그릇된 방어기제에 의존하기도 했다. 나르시스의 자아는 과도하게 부풀었지만, 내면은 극도로 미성숙했던 것으로 보인다. 나르시스의 이 같은 성장 과정을 분석할 때, 발견될 수 있는 성격 장애에는 어떤 것들이 있을까?

> 나르시스는 자아는 과도하게 부풀었지만, 내면은 극도로 미성숙했던 것으로 보인다.

• 겁탈의 결과

나르시스는 단지 환경의 희생자였을까? 자신이 겁탈의 결과로 태어난 존재라는 사실은 누구에게나 받아들이기 어려운 인생의 출발점일 것이다. 겁탈은 타인에 대한 공감이나 연민이 전혀 없는 상태에서 권력과 지배, 소유욕을 극단적으로 표출하는 행위다. 나르시스의 어머니 리리오페는 이 사건으로 깊은 정서적 상처를 입고, 아들에 대해서도 강한 양가적 감정을 품었을 가능성이 크다.

겁탈을 당해 잉태한 아이를 양육하기로 한 어머니는 극심한 심리적 부담을 느낀다.[1] 또한 겁탈때문에 생긴 정서적 트라우마는 어머니뿐 아니라 세대를 넘어서까지 영향을 미칠 수 있다. 임신 중 어머니는 태아를 자신의 몸을 침범한 이질적인 존재로 인식할 수 있으며, 겁탈의 기억이 아이와 맞물린 탓에 양육 과정에도 부정적인 영향을 미칠 수 있다. 어머니가 그 끔찍한 기억을 심리적으로 어떻게 받아들이고 처리했는가는 아이의 정서적·사회적 발달은 물론, 전반적인 삶의 질과 일상생활에도 지대한 영향을 미친다.

세대를 넘어 내려온 트라우마는 어머니가 아이에게 겁탈 사실을 알리기로 결심한 경우 더욱 악화될 수 있다. 자신이 겁탈의 결과로 태어났다는 사실을 알게 된 아이는 아버지의 행위에 대해 책임감을 느끼고, 나아가 극심한 수치심과 죄책감에 사로잡힐 수 있다. 아이가 이 정보를 어떻게 받아들이고 처리하느냐에 따라 스트레스에 대처하는 방법과 향후 맺게 될 대인관계의 질은 크게 달라진다. 따라서 겁탈로 태어난 아이들이 외상 후 스트레스 장애PTSD, 우울증, 불안 발작 등 다양한 심리 장애를 겪을 수 있다는 사실은 그리 놀랍지 않다.

어머니가 겪은 트라우마는, 특히 아이가 아들이고 가해자와 외모가 닮은 경우 더욱 심해질 수 있다. 나르시스의 얼굴에서 겁탈 당시의 상황과 가해자에 대한 기억을 끊임없이 마주해야 했을 리리오페에게, 아들이 '자기 자신을 알아보는 순간 파멸할 운명'이라는 예언은 매우 큰 의미로 다가왔을 것이다. 한편, 그 예언이 리리오페에 대한 것은 아니었을지 궁금해지기도 한다. 아들의 외모 때문에 리리오페가 심리적 어려움을 겪게 될 수 있음을 미리 경고하려 했던 것은 아닐까? 나르시스에 대한 애정과 자신의 끔찍한 기억을 분리하기 위해 리리오페는 어떤 어려움을 감내해야 했을까? 가해자를 닮은 아들의 얼굴을 바라보는 것 자체가 끊임없이 트라우마를 되살리는 고통은 아니었을까?

겁탈로 태어난 아이에 대한 어머니의 양가감정을 떠올려 보면, 그 아이의 성장 과정이 결코 순탄하지 않았을 것임을 어렵지 않게 짐작할 수 있다. 어머니는 아이를 내가 사랑해야 할 대상이 아니라 '원수의 자식'으로 인식할 수도 있다. 게다가 겁탈로 태어난 아이는 사회적 낙인 역시 감내해야 한다. 이들은 문제적 유전자를 지닌 존재로 간주되며, 때로는 가족이나 공동체로부터 배척당하기도 한다. 이러한 맥락은 모두 티레시아스의 예언을 해석할 때 반드시 고려되어야 할 요소다. 요컨대, 나르시스의 성장 과정은 결코 평범했을 리 없다.

리리오페가 나르시스를 상대로 경험했을 양가감정과는 별개로, 나르시스 역시 연못에 비친 자신의 얼굴을 마주한 순간, 본능적으로 아버지의 얼굴을 떠올렸을 가능성이 있다. 어머니가 출생의 비밀을 밝히지 않았다 해도, 자기 자신과의 첫 대면은 자신의 기원을 직감하는 계기가 되었을 수 있기 때문이다. 어쩌면 티레시아스는 예언 당시 이런 위험을 이미 예견하고 있었는지도 모른다. 따라서 리리오페는 나르시스가 잉태된 과정을 잊으려 애썼을 것이며, 티레시아스 또한 나르시스가 진실을 알지 않는 편이 낫다고 판단했을 가능성이 있다. 여기서 다시 한번, 세대를 넘어 이어지는 부정적 영향의 의미를 생각해 보게 된다.

• 헬리콥터 양육

물론 어디까지나 신화인 만큼, 리리오페가 나르시스를 어떻게 키웠는지는 추측에 불과하다. 심리학적 연구를 가능하게 할 만한, 두 인물 간의 구체적인 역학 정보도 없다. 이 고대 신화는 그저 우리를 여러 남신과 여신들의 관계가 복잡하게 얽힌 불가사의한 세계로 초대할 뿐이다. 현실 세계의 남녀 관계는 동시대의 사회적 맥락 안에서 고찰해야 하는 반면, 신화는 특정 시대의 문화를 반영한다는 점 역시 염두에 두어야 한다.

신화는 특정 시대의 문화를 반영한다

하지만 신화든 실제든, 겁탈은 폭력 행위이며 피해자에게 정서적으로 깊은 상처를 남긴다. 이는 필연적으로 어머니와 자녀 관계에 영향을 미치며, 발달 심리 관점에서 여러 문제를 일으킬 수 있다.

이제, '자기 자신을 알아보는 순간 파멸할 운명'이라는 티레시아스의 예언이 나르시스에게 어떤 영향을 미쳤을지 생각해 보자. 아들이 자신의 모습을 보지 못하게 막는 일은 리리오페에게 늘 벅찬 과제였을 것이다. 따라서 리리오페가 아들을 과잉보호하는 쪽을 택했을 가능성을 예상해 볼 수 있다. 그러나 아무리 의도가 좋았다 하더라도, 과잉보호는 늘 문제를 일으키며, 자녀의 성장 과정에 부정적인 영향을 끼친다. 만약 리리오페가 이른바

'헬리콥터형' 부모였다면, 나르시스는 스스로 결정하는 법을 배우지 못했을 것이고 또한 실수를 해볼 기회조차 얻지 못했을 것이다. 비록 리리오페의 행동이 끔찍한 예언으로부터 아들을 보호하려는 마음에서 비롯되었다 하더라도, 결과적으로 나르시스는 독립적인 인격체로 성장할 기회를 박탈당한 채 자랐다고 볼 수 있다. 게다가 어머니가 만들어 놓은 과도한 안전망 때문에, 나르시스는 자신이 실제보다 더 유능하다고 착각하며 과장된 자기감(sense of self 역자 주: 자신이 누구인지에 대한 인식과 자기가 주체로서 느끼는 감각)을 키웠을 가능성도 있다. 그 결과 끊임없이 타인의 칭찬과 인정을 갈망하며 모든 이목이 자신에게 집중되기를 바라는 성향을 갖게 되었을 것이다. 신화 속 나르시스는 늘 오만한 인물로 묘사되지만, 실상 그의 오만은 매우 불안정한 토대 위에서 형성되었을 가능성이 크다. 마음 깊은 곳에서는 나르시스도 자신의 자존감이 마치 무너지는 모래 더미 위에 놓인 듯 위태롭다는 사실을 어렴풋이나마 알고 있었을지 모른다. 성장 과정의 영향으로 그는 시련에 제대로 대처할 능력을 기르지 못했고, 결국 실제로도 매우 연약하고 불안정한 존재가 되었다.

• **아름다움의 무게**

정신분석가와 마주 앉은 이 젊은이는 겁탈로 태어났고, 결코 자신을 알아봐서는 안 된다는 불길한 예언을 받았으며, 과잉보호하는 어머니 때문에 정상적으로 성장할 수 없었지만, 외모만큼은 세상에서 가장 빼어났다. 그러나 이런 외모가 그의 불운을 상쇄해 주는 일종의 축복이라고 생각한다면 그것은 오산이다. 아름다움은 너무도 쉽게 저주가 된다. 외모에 대한 칭찬이 이어지면 겉모습에 치우쳐 자존감이 형성되고, 칭찬받은 당사자는 더없이 달콤한 자기기만의 거품 속에 갇히게 된다. 사람들은 흔히 아름다운 사람이 똑똑하고 능력도 뛰어날 것이라 착각하며, 그런 기대를 투사한다. 그러나 그런 기대는 외모가 빼어난 사람들이 고유의 인격을 형성하는 데 걸림돌이 될 뿐이다. 또한 성적인 관계에서도 상대가 자기에게 *진정으로* 원하는 것이 무엇인지 의심하게 만든다. "있는 그대로의 나를 원하는 걸까, 아니면 내 몸만 원하는 걸까?"

수려한 외모를 지닌 사람들 역시 자신이 온전한 존재로 사랑받기를 원하지만, 안타깝게도 겉모습이 그들의 다양한 면모를 가려버린다. 그러나 아무리 외모가 뛰어나다고 해도 미처 다듬어지지 않은 인격을 보완할 수는 없다. 더욱이 외적 아름다움에 기대어 산 사람들에게 노화는 실로 잔인한 현실일 수 있다. 비록 나르시스는 너무 이른 나이에 생을 마감해 이를 직접 경험할 수 없었지만 말이다.

> 나르시스는 겉으로만 존재하는 삶, 외면만 있고 내면은 없는 삶을 살았다.

겉모습만 보고 맺은 관계는 결국 어긋날 수밖에 없으며, 이는 겉모습은 기만적일 수 있다는 티레시아스의 예언에 또 하나의 불길한 의미를 더한다. 겉모습 너머 내면에는 과연 무엇이 있느냐는 물음에 대한 답이, 어쩌면 '아무것도 없다'일 수 있다는 뜻이다. 모순적이게도, 리리오페의 양육 방식은 나르시스를 스스로에게 몰두하도록 만들었을 뿐 아니라, 결국 내실 없는 인물로 전락시키고 말았다. 나르시스의 행동을 지배하는 유일한 원칙은 '내가 어떻게 보일까?'라는 물음뿐이었다. 그렇기에, 그는 겉으로만 존재하는 삶, 외면만 있고 내면은 없는 삶을 살았다. 그리고 안타깝게도, 수면에 비친 자기 모습을 마주하던 순간, 자기 집착은 더욱 증폭되어 치명적인 결말로 이어졌다.

나르시스는 자신을 너무 사랑한 나머지, 의미 있는 삶을 살아가는 법을 잊었고, 자기중심성 때문에 결국 죽음에 이르고 말았다. 이런 점에서 그는 자기 인식(self-awareness, 역자 주: 순간순간의 자기 감정·생각·행동을 자각하는 능력)과 자기 이해(self-understanding, 역자 주: 자기 감정·생각·행동의 원인을 이해하는 능력)가 결여된 상태에서 형성된 자기애가 얼마나 위험할 수 있는지를 보여주는 극단적인 사례다. 나르시스는 자신이 무엇을 느끼고, 생각하고, 믿고, 바라는지 전혀 알지 못했다. 결국 자신을 아는 법을 끝내 배우지 못한 셈이다. 그는 오직 외적인 것에만 익숙했을 뿐, 자신은 물론 타인의 내면세계에도 관심을 두지 않았다. 그러니 그의 마음속에, 타인을 위한 자리가 있었을 리 없다. 타인을 이해하려면 먼저 자신을 알아야 했지만, 나르시스에게는 그럴 능력이 턱없이 부족했다.

> 나르시스는 자신을 너무 사랑한 나머지, 의미 있는 삶을 살아가는 법을 잊었고, 자기중심성 때문에 결국 죽음에 이르고 말았다. … 그는 자기 인식과 자기 이해가 결여된 상태에서 형성된 자기애가 얼마나 위험할 수 있는지를 보여주는 극단적인 사례다.

• 분리-개별화를 위한 도전

압도적인 외모, 과잉보호, 그리고 태생적 기원의 상처가 결합된 이상, 나르시스 같은 이들이 제대로 된 인격을 형성하거나 진정한 의미의 분리-개별화 separation-individuation에 도달하기는 쉽지 않다.[2] 이런 맥락에서 보면, 나르시스가 연못에 비친 자기 모습에 집착한 행동은 결국 자신에게 반사적으로 되돌아가는 무의식적 반응으로 볼 수 있다. 자기중심적인 성향이 강했던 나르시스는 타인과 의미 있는 관계를 맺는 법을 몰랐고, 성장 과정이 독특했던 탓에 정서적·인지적으로도 매우 미성숙한 상태였다. 다시 말해, 나르시스 신화가 우리에게 전하는 또 하나의 메시지는, 가장 본질적인 의미에서 나르시시즘이란 곧 성장을 거부하는 태도라는 점이다.

> 가장 본질적인 의미에서 나르시시즘이란 곧 성장을 거부하는 태도다.

그 결과, 나르시스는 정서적으로 미숙하고, 오직 타인의 인정만을 갈망하며, 자신 외에는 누구도 헤아리지 못하는 존재로 남았다. 만약 그에게 자신의 내면 세계를 들여다보려는 의지가 있었다면, 겉으로는 드러나지 않는 수많은 것들에 대해 최소한의 자기 이해와 통찰을 얻을 수 있었을 것이다. 자신의 감정, 생각, 환상, 욕망, 그리고 가치관과 연결되고 나아가 삶에 대한 목적의식을 가질 수 있었을지도 모른다. 무엇보다, 자아를 확고하게 인식하고, 오래도록 지속되는 인간관계를 맺는 힘도 기를 수 있었을 것이다. 그러나 이러한 가능성 또한, 어떠한 형태의 반성이나 자기성찰조차 나르시스에게는 치명적일 수 있다는 티레시아스의 예언에 이미 봉인되어 있었다고 볼 수 있다. 자신을 알지 못한 채, 더할 수 없이 자기 모습에 집착한 결과는 파멸이고, 죽음이었다. 만약 자기 성찰이 자기 인식과 자기 이해로 이어졌다면, 나르시스는 자신의 본질과 태생에 대한 통찰을 얻었을지도 모른다. 하지만 그것 역시 그에게는 감당하기 어려운 일이었을 수 있다. 무지한 채로 사는 편이 더 나았다고 해야 할까? 나르시스의 이야기를 들여다보면 볼수록, 그에게 내려진 예언이 너무 가혹하다는 생각이 든다. 어떤 형태의 자기 성찰도 나르시스에게는 곧 죽음을 의미했을 테니 말이다.

- **심리적 성숙과 정서적 건강**

  지금까지 분석한 나르시스 신화를 다시 떠올려 보자. 이 신화의 핵심 주제는 바로 나르시시즘이 어떻게 작동하는가이며, 이야기 속 주인공은 어두운 마법에 걸린 듯 일종의 황홀경에 빠져 살아가는 나르시스다. 나르시스의 정서적·인지적 성장은 억눌려 있었고, 인간 발달의 핵심 요소인 주체와 객체의 분화-타인뿐만 아니라 자신의 내적 이미지와 그 이미지들 사이의 관계를 탐색하는 과정-도 정체된 상태에 있었다. 대신 나르시스는 철저히 자기 자신에게 몰두해 있었다. 나르시스는 사실상 진정한 의미의 분리-개별화를 경험하지 못함으로써 결국 온전하게 독립적인 존재로 성장하지 못했다. 말하자면, 성장이 특정 지점에서 멈춘 상태라고 할 수 있다.

분리-개별화란 자신과 타인에 대한 내면의 지도가 형성되는 과정을 일컫는 용어다.[3] 이러한 내면의 지도, 즉 자신과 타인을 이해하는 심리적 틀은 출생 이후부터 약 세 살까지 초기 양육자와의 상호작용을 통해 형성된다. 개별화 과정은 유아기에서 성인기에 이르기까지 인간의 삶에서 매우 중요한 역할을 맡는다.

> 개별화할 수 있는 능력, 다시 말해 온전히 독립적인 인격체로 성장할 수 있는 능력이란, 타인과의 관계에서 경험하는 좌절과 기쁨을 통합할 수 있는 심리적 역량을 의미한다.

개별화할 수 있는 능력, 다시 말해 온전히 독립적인 인격체로 성장할 수 있는 능력이란, 타인과의 관계에서 경험하는 좌절과 기쁨을 통합할 수 있는 심리적 역량을 의미한다. 개별화에 성공하면, 자아에 대한 인식이 안정적으로 자리 잡는다. 부모나 친구, 그리고 그 외 중요한 사람들과의 분리가 적절한 시기에 이루어질 때, 비로소 우리는 독립적으로 행동하는 자율적인 존재로 성장할 수 있다. 또한 타인과 분리될 수 있을 때, 비로소 우리는 건강한 대인 관계를 맺을 수 있다. 이 발달 과정을 잘 거친 사람은, 자신을 있는 그대로 받아들이고, 삶을 주체적으로 이끌어가며, 자신이 주위 환경을 통제할 수 있다는 자신감을 갖게 된다. 나아가 타인과 긍정적인 관계를 맺고, 삶의 목적을 스스로 설정하며, 더 나은 성장을 향한 열망을 품을 수 있다.

> 타인과 분리될 수 있을 때, 비로소 우리는 건강한 대인 관계를 맺을 수 있다. 이 발달 과정을 잘 거친 사람은, 자신을 있는 그대로 받아들이고, 삶을 주체적으로 이끌어가며, 자신이 주위 환경을 통제할 수 있다는 자신감을 갖게 된다. 나아가 타인과 긍정적인 관계를 맺고, 삶의 목적을 스스로 설정하며, 더 나은 성장을 향한 열망을 품을 수 있다.

하지만 분리-개별화는 언제나 진행형일 수밖에 없는 과제다. 더 자율적인 존재로 나아가려는 노력에는 끝이 없기 때문이다. 분리-개별화 과정이 중단되면, 타인에 대한 의존도가 높아짐에 따라 연인·가족·동료 관계에서도 반복적으로 갈등을 겪게 될 수밖에 없으며, 독립적인 의사결정 또한 어려워진다. 개별화에 이르지 못한 사람은 방향 감각을 잃은 채, 지속적인 공허감에 시달리게 될 수 있다.

분리-개별화의 관점에서 본다면, 나르시스의 비극은 바로 이 발달 과정을 제대로 거치지 못한 데서 비롯된다. 나르시스는 안정된 정체성을 형성하지 못한 채, 끝없이 반복되는 자기애의 굴레에 갇혀 지냈다. 이런 상황을 고려하면, 그가 연못에 비친 자기 모습을 보고도 자신임을 알아차리지 못한 것을 아주 뜻밖이라고 하기 어렵다.

나르시스는 모두의 마음을 사로잡았고 얼마든지 원하는 연인을 선택할 수 있는 위치에 있었지만, 현실 세계의 다채로움과 경이로움에는 끝내 눈뜨지 못했다. 발달이 멈춘 탓에, 잠재력을 꽃피우지 못했고, 결국 자기 자신만을 벗 삼아 살아갔다. 한 번도 자신의 모습을 본 적이 없던 그는, 연못에 비친 모습을 본 그 순간에도 그것이 자신임을 알지 못했다. 정신적으로 피폐해진 나르시스는, 세상 속에서 자신의 자리를 찾도록 도움을 줄 수 있는 타인들과의 관계망에서 멀어진 채, 마치 자신이 머물던 자리에서 외따로이 피어난 꽃처럼 쓸쓸히 시들어갔다. 수선화가 원래 무리를 지어 피는 꽃이라는 점을 잘 아는 사람이라면, 이 신화의 결말에 담긴 상징을 놓칠 수 없을 것이다.

> 나르시스는, 세상 속에서 자신의 자리를 찾도록 도움을 줄 수 있는 타인들과의 관계망에서 멀어진 채, 마치 자신이 머물던 자리에서 외따로이 피어난 꽃처럼 쓸쓸히 시들어갔다. 수선화가 원래 무리를 지어 피는 꽃이라는 점을 잘 아는 사람이라면, 이 신화의 결말에 담긴 상징을 놓칠 수 없을 것이다.

그럼에도, 한 송이 수선화가 남아 자리를 지켰다. 수선화는 겨울이 끝날 무렵 봄의 시작을 알리며 가장 먼저 피는 꽃 중 하나로, 차갑고 어두운 시절의 종말을 의미하는 동시에 회복과 희망을 상징한다. 그 희망의 기운 때문일까? 시간이 흐르다 보면 나르시스가 연못의 수면 위를 들여다보는 행위를 멈출 수 있었을지도 모른다는 상상을 해보게 된다. 시인 W.H. 오든 W.H. Auden의 말처럼, '그가 자신의 외적인 아름다움에 사로잡혔던 것이라면,

세월이 흘러 그 아름다움이 사라졌을 때 결국 자유로워질 수 있었을 것이다.'[4] 그렇다면, 나르시스 같은 사람들에게도 미래가 있을까? 타인을 통해 자기를 진정으로 바라보고 성장할 수 있는 거울 반사를 경험했다면 전혀 다른 결말도 가능하지 않았을까? 대문호이자 정치가인 요한 볼프강 폰 괴테 Johann Wolfgang von Goethe의 말을 빌리자면, 결국 '행동은 자신의 모습을 드러내는 거울이다.'[5]

참고 문헌

1. Glorieuse Uwizeye, Holli A. DeVon, Linda L. McCreary, Crystal L. Patil, Zaneta M. Thayer, and Julienne N. Rutherford (2022). Children born of genocidal rape: What do we know about their experiences and needs? *Special Issue: Global Public Health Nursing, 39*(1), 350–359.

2. Margaret Mahler, Fred Pine, and Annie Bergman (1975). *The Psychological Birth of the Human Infant*. New York: Basic Books.

3. Mahler et al. *The Psychological Birth of the Human Infant*.

4. Wystan Hugh Auden (1948). "Hic et Ille." In *The Dyer's Hand and Other Essays*. London: Faber and Faber, p. 94.

5. Johann Wolfgang von Goethe (1998/1833). *Maxims and Reflections*. Transl. Elisabeth Stopp. London: Penguin, Maxim 39.

인용문 출처

- Various Authors (1826). *Ovid's Metamorphoses*. Transl. Mr. Dryden. London: Printed for the Proprietors of the English Classics, Book III, lines 474–479.

- Herman Melville (1851). *Moby-Dick; or, The Whale*. London: Richard Bentley, p. 3.

- L. Frank Baum (1911). *Aunt Jane's Nieces and Uncle John*. Chicago: The Reilly & Britton Co. (Published under the pseudonym Edith van Dyne.)

2장
거울아, 거울아

자기 자신을 사랑하는 것, 그것이야말로
평생 이어질 사랑의 시작이다.

― 오스카 와일드 Oscar Wilde

문명사회에서 어떻게 쓰이든, 거울은 폭력적
이거나 영웅적인 모든 행위에 필수적이다.

― 버지니아 울프 Virginia Woolf

인간이야말로 진정한 나르시시트다. 우리는 어디에서나
자기 모습을 비춰보길 즐기며, 거울 뒤에 넓게 발린 아말
감처럼 자신을 온 우주 아래 펼쳐놓는다.

― 요한 볼프강 폰 괴테 Johann Wolfgang von Goethe

거울 반사

거울은 인류 역사 속에서 오랜 세월 존재해 왔다. 인간이 언제부터 반사된 자신의 모습에 현혹되었는지는 역사학자도 정확히 밝히기 어려운 문제다. 하지만 나르시스 신화는 인류가 선사 시대부터 이미 자기 모습을 무언가에 비춰보았을 것이라는 추정을 가능하게 한다. 실제로 석기 시대 사람들은 화산암인 흑요석을 연마해 최초의 거울을 만들었고, 그 이전의 인류 역시 빛나는 물체나 수면 위에 비친 자기 모습을 볼 수 있었을 것이다. 자기 모습을 처음 본 그 순간, 사람들은 그야말로 신비롭고 황홀한 충격에 사로잡히지 않았을까? 거울이 발명되기 전까지 인간은 타인의 시선을 통해 자신을 인식했다. 결국 우리가 타인의 눈에 어떻게 비치는가는, 우리가 어떤 사람인지를 알려주는 또 하나의 거울이 된다. 그리고 많은 경우, 자기 가치에 대한 감각은 타인이 우리를 어떻게 바라보는지에 따라 달라진다.

> 우리가 타인의 눈에 어떻게 비치는가는, 우리가 어떤 사람인지를 알려주는 또 하나의 거울이 된다.

물론 사람들에게는 허영심이 있다. 그렇기에 거울을 처음 본 사람들이 어떤 반응을 보였을지 상상해 보게 된다. 누군가는 밤낮으로 자기 모습을 거울에 비춰보지 않았을까? 사실 그 시대에 자기 모습을 직접 본다는 것은 실로 경이롭고 낯선 경험이었을 것이다. 이후 거울은, 자기 자신을 깊이 이해하고 타인이 나를 어떻게 인식하는지를 알려주는 수단으로 자연스럽게 자리 잡았다.

거울은 언제나 욕망과 두려움, 꿈과 현실을 실험해 볼 수 있는 일종의 중간 지대 역할을 해왔다. 거울에 비친 자기 모습을 들여다보는 행위는 아주 어린 시절부터 시작되는 자기 확인의 한 방법이다. 그러나 누군가의 외모만 보고 그 사람의 성격을 단정 짓거나 겉모습에만 치중하는 행동은 어쩌면 자기 자신을 더 깊이 들여다보지 않으려는 회피일지도 모른다. 또한 거울을 들여다보는 순간 세상을 오직 자신의 시각에서만 보게 된다는 점도 거울의 특징이다. 사실상, 나르시시스트는 그저 거울 수집가에 지나지 않을 수 있다. 자기가 모은 거울마다 자신의 모습을 되비추지만, 정작 그 행위로 자신을 진정으로 이해하지는 못하기 때문이다.

> 거울은 언제나 욕망과 두려움, 꿈과 현실을 실험할 수 있는 일종의 중간 지대 역할을 해왔다.

인간은 대개 두 살 무렵부터 거울에 비친 모습이 자신임을 인식할 수 있다. 발달 심리학에서는 이때를 자아 개념이 형성되기 시작하는 기점으로 본다.[1] 하지만 거울 속의 내 모습을 바라보는 일은 언제나 양가적인 경험이다. 자신을 이해해 보려는 시도에는 질문이 따라붙게 마련이며, 거울 속에 내 몸이 다 보인다고 해서 진정한 의미의 나를 볼 수 있는 것은 아니기 때문이다.

> 나르시시스트는 그저 거울 수집가에 지나지 않을 수 있다. 자기가 모은 거울마다 자신의 모습을 되비추지만, 정작 그 행위로 자신을 진정으로 이해하지는 못하기 때문이다.

예를 들어, 신화에서 나르시스가 처음으로 자기 모습을 마주한 시점은 그리 어린 시절이 아니었다. 이 점을 감안하면, 그의 성장 과정이 남달랐을 것이라고 짐작해 볼 수 있다. 하지만 일반적으로 사람들은 훨씬 더 어린 나이에 거울을 경험한다. 따라서 어느 정도 성장한 나이에 자기 모습을 처음 마주한 나르시스는, 자신이 본 것을 제대로 이해하고 받아들이기 어려웠을 것이다. 그 결과 그는 '자신'과 '타자'를 구분하지 못한 채 혼란에 빠지고 말았다. 연못에 비친 자기 모습이 매혹적이면서도 파괴적이었기 때문이다. 신화가 대개 도덕적인 교훈을 담고 있다는 점을 감안하면, 인간이 겪는 고통 중 일부는 어쩌면 거울을 응시하는 데서 비롯된다고 할 수 있지 않을까?

> 거울 속에 내 몸이 다 보인다고 해서 진정한 의미의 나를 볼 수 있는 것은 아니다.

만약 그것이 사실이라면, 거울이 등장하는 이야기들이 종종 섬뜩하게 느껴지거나 심지어 초자연적인 요소와 연결되는 것도 전혀 이상할 것이 없다. 하지만 이야기라는 관점에서 보면, 거울이라는 마법은 오랜 세월 이어져 온 문화적 유산처럼 보인다. 동화가 그 대표적인 예다. 《백설공주 Snow White》의 사악한 여왕이 "거울아, 거울아, 이 세상에서 누가 제일 예쁘니?"라고 묻고 매번 자신이 가장 아름답다는 답을 듣고자 했던 장면만 떠올려도 충분하다. 한편, 흡혈귀와 마녀는 영혼이 없기 때문에 거울에 모습이 비치지 않는다고 설정한 이야기들도 있다.

> 거울이라는 마법은 오랜 세월 이어져 온 문화적 유산처럼 보인다.

거울과 관련된 미신도 적지 않다. 특히 사람의 영혼이 거울에 갇힐 수 있다는 믿음이 대표적이다. 자크 오펜바흐Jacques Offenbach의 유명한 오페라《호프만 이야기Tales of Hoffman》는 이러한 믿음을 잘 보여주는 작품이다. 여러 단편으로 이루어진 이 오페라의 한 이야기에서, 주인공은 거울 속 자신의 모습을 도둑맞는다. 예전에는 사람이 잠들거나 병이 들었을 때, 거울을 천으로 가리는 풍습이 있었다. 영혼이 거울에 갇혀 다시 제 몸으로 돌아오지 못할 수 있다는 믿음에서 비롯된 풍습이었다. 사람이 죽었을 때 거울을 가리는 문화권도 있었다. 육신을 갓 떠난 영혼이 거울에 갇혀 저승 가는 길이 늦어지는 것을 막기 위해서였다.

나르시스 신화가 잘 보여주듯, 고대 그리스인들 역시 거울에 대한 일종의 경계심을 가지고 있었다. 그들은 거울에 자신을 비춰보는 행위가 불운을 가져올 수 있다고 믿었다. 거울을 두고 이런 양가적인 감정을 느낀 것은 비단 그리스인들만이 아니다. 로마인들은 거울이 깨지면, 그 거울을 깨뜨린 이의 영혼 역시 파괴되고, 그 영혼이 온전히 회복되기까지 7년이 걸린다고 여겼다. 이 믿음은 오늘날까지 이어져 '거울을 깨면 7년 동안 불운이 따른다'는 미신으로 회자되고 있다. 한편, 깨진 거울이 가족 중 누군가가 죽음을 암시한다고 믿는 문화권도 있었다.

> 로마인들은 거울이 깨지면, 그 거울을 깨뜨린 이의 영혼 역시 파괴되고, 그 영혼이 온전히 회복되기까지 7년이 걸린다고 여겼다.

거울은 대상을 실제보다 미화하거나 착시를 일으키는 매체이기도 하다. 거울에 비친 얼굴은 우리의 진짜 얼굴이 아닐 수도 있다. 어쩌면 거울 속에는 실제 모습이 아니라, 우리가 스스로를 어떻게 생각하고 느끼는지가 투영된 이미지가 비치고 있을지도 모른다. 그리고 가장 기본적인 물리적·감각적 차원에서도, 거울은 현실을 초월하는 경험을 가능하게 한다. 따라서 거울에 비친 형상은 정서적·인지적 차원에서 자기 소외(self-alienation 역

자 주: 자신이 낯설어지는 현상)를 불러일으키는 주요한 원인이 될 수 있다. 나이가 들어갈수록, 거울 속 자신의 모습을 바라보기가 불편해질 수도 있다. 거울 속 나이 든 자기 모습이 마음에 들지 않을 수도, 얼굴에 드리워진 시간의 흔적 속에서 죽음의 그림자를 마주하게 될 수도 있기 때문이다.

거울에 비친 얼굴은 우리의 진짜 얼굴이 아닐 수도 있다.

거울 속 자신의 모습을 바라보는 행위가 기이한 유체 이탈의 경험, 즉, '나 같지만 나 아닌' 감각을 유발할 수 있다는 것은 어쩌면 당연해 보인다. 아마도 이런 착시가 가능하므로 거울을 소재로 한 많은 이야기가 공포와 불안이 혼재된 불길한 서사를 따르고 있는지도 모른다. 자기 모습이 자신과 분리된 어느 평면 위에 '객체화된' 형상으로 비치는 경험은 언제나 초현실적으로 느껴질 수밖에 없다. 그래서일까, 우리는 일상에서 거울에 비친 자신을 한 번 흘끗 보고 이내 시선을 거둔다. 이런 행동은 겉모습 이상의 본질이 드러나는 것을 본능적으로 꺼리기 때문일 가능성이 높다.

이러한 양가감정에도 불구하고, 거울은 여전히 타인의 시선 속에서 자신을 인식하게 해주는 매체이자, 강력한 자기 성찰의 도구다. 우리는 거울을 통해 더 깊은 차원에서 자신을 마주하게 된다. 거울을 통해 우리는 겉모습뿐 아니라 그에 얽힌 생각과 감정까지도 이해할 수 있다. 거울에 비친 모습을 보며 자연스럽게 자신의 외적 이미지와 내적 이미지를 비교하게 되기 때문이다. 결국 거울을 보는 행위는 내면을 들여다볼 수 있는 탁월한 수단이 된다. 의식적인 자기 성찰, 즉 내면세계와 외면 세계 사이에서 균형을 찾으려는 노력을 통해 우리는 환상과 현실 사이에서도 균형을 잡을 수 있다. 거울에 비친 자기 모습이 철학적·심리적 차원에서의 자기 성찰을 촉진할 수 있다는 의미다. 결과적으로, 거울은 순간순간의 감정과 생각, 행동을 자각하는 자기 인식 self-awareness과 자신의 성향과 장단점에 대해 아는 자기 지식 self-knowledge을 고양시키는 강력한 자극제가 될 수 있다. 우리가 자신의 내면 극장(inner theatre 역자 주: 심리학에서 인간 내면의 사고와 갈등을 공간에 비유해 표현한 개념)을 탐색할 수 있도록 도와주는 촉매제가 되는 셈이다. 이는 우리의 잠재력을 온전히 실현하고, 우리가 할 수 있는 모든 것을 진정으로 해내기 위해 반드시 거쳐야 할 중요한 과정이다.

자기 모습이 자신과 분리된 어느 평면 위에 '객체화된' 형상으로 비치는 경험은, 언제나 초현실적으로 느껴질 수밖에 없다.

우리 모두에게 있어 자신을 비춰보는 최초의 거울은 어머니의 눈이다. 이 같은 인생 초기의 거울 반사 경험은 우리의 정서 및 인지 발달에 결정적인 역할을 한다. 어린 시절, 주 양육자(대개 어머니)로부터 시작하여, 우리는 주변 사람들의 반응을 통해 자신을 인식하기 시작한다. 앞서 정신분석가와 마주 앉았던 나르시스트의 원형, 나르시스를 다시 떠올려 보자. 어머니의 눈에 비친 자신을 바라보는 경험은 양육 과정에서 보편적으로 나타나는 현상이므로, 설령 자기 모습을 볼 마땅한 수단이 없었다 하더라도 나르시스 역시 어느 정도는 이런 경험을 했을 것이라 짐작할 수 있다. 하지만 나르시스가 겁탈로 잉태한 아이라는 점과 출산 직후 티레시아스로부터 받은 불길한 예언 탓에 어머니는 극심한 충격을 받은 상태였을 것이다. 따라서 나르시스가 어머니의 눈에 비친 자신을 볼 수 있는 경험이 일반적인 경우와는 달랐을 가능성을 완전히 배제할 수 없다.

의식적인 자기 성찰, 즉 내면세계와 외면 세계 사이에서 균형을 찾으려는 노력을 통해 우리는 환상과 현실 사이에서도 균형을 잡을 수 있다.

이런 상황을 감안하면, 나르시스가 처음으로 수면 위에 비친 자기 모습을 본 순간, 자신에 대한 사랑, 확신, 의심, 불안과 같은 강렬한 감정이 한꺼번에 밀려왔을 것이라 짐작할 수 있다. 그에게는 그 순간이 그야말로 극적인 변곡점이 아니었을까? 나르시스는 숨겨져 있던 자신의 여러 모습을 아무런 예고도 없이 처음 마주했다. 그 순간 의식이 깨어나면서 의식과 무의식 사이의 긴장은 극에 달했을 것이다. 수면 위에 비친 '나'와 실제 '나'를 구분하지 못한 채, 방향 감각을 완전히 잃었을 수도 있다. 처음으로 자신을 본 그 순간, 오히려 자신을 잃어버리게 된 셈이다.

또 다른 자기

나르시스가 연못에 비친 자기 모습을 본 순간은 자신의 또 다른 자기, 이중자(the double, 역자 주: 인간 내면에 공존하는 또 다른 자기)를 마주한 순간으로도 해석될 수 있다. 1장에서 언급했던 파우사니아스의 버전에 따르면, 나르시스에게는 쌍둥이 누이라는 이중자가 있었다. 흥미롭게도, 이중자를 다룬 옛이야기들을 보면, 쌍둥이의 원형은 종종 서로 반대되는 두 존재를 가리킨다. 그럼에도, 두 존재는 외모, 심리 혹은 그 둘 모두에 있어 일정한 유사성을 공유하며 함께 하나의 완전체가 된다. 작품에서 이러한 주제를 다룬 작가로는 에른스트 호프만Ernst Hoffman, 에드거 앨런 포Edgar Allan Poe, 기 드 모파상Guy de Maupassant, 표도르 도스토옙스키Pyodor Dostoevsky, 로버트 루이스 스티븐슨Robert Louis Stevenson, 오스카 와일드Oscar Wilde, 블라디미르 나보코프Vladimir Nabokov 등이 있다. 이들의 작품 속에서 '이중자'는 실제로 존재하는 인물이 아니라, 화자의 상상 속에서 만들어진 투사, 즉 욕망이나 두려움으로 인해 만들어 낸 또 다른 자아 또는 대체 인격이다. 이러한 이야기 구조에서 첫 번째 자아는 대개 사회적으로 존경받는 인물로 설정되지만, 두 번째 자아는 그의 내면에 숨겨진 사악함이나 억압된 충동을 상징한다. 두 번째 자아는 심지어 반사회적 행동을 저지를 수 있으며, 그 행동의 책임은 첫 번째 자아가 져야 하는 경우도 있다. 로버트 루이스 스티븐슨Robert Louis Stevenson의 소설 『지킬 박사와 하이드The Strange Case of Dr. Jekyll and Mr. Hyde』가 대표적인 예이다.

도플갱어는 한 인물 안에 공존하는 양면성을 탐색하는 하나의 장치로, 한 개인 안에 존재할 수 있는 복잡한 분열이나 모순을 보여준다. 흔히 '어두운' 면은 '올바른' 자아상 유지를 위해 부정하게 되는 성격적 특성을 일컫는다. 실제로 이 이중 구조에서, 첫 번째 자아는 사회의 규범과 기준을 준수하지만, 두 번째 자아는 첫 번째 자아가 외면하는 금지된 욕망이나 비합리적 충동에 따라 행동한다.

> 도플갱어는 한 인물 안에 공존하는 양면성을 탐색하는 하나의 장치로, 한 개인 안에 존재할 수 있는 복잡한 분열이나 모순을 보여준다.

심리학자 칼 융Carl Jung은 도플갱어를 인간의 그림자 측면, 즉 무의식 속에 자리한 자아의 일면으로 보았다. 이때 그림자는 외면하고 싶지만 우리 안에 분명히 존재하는 부분으로, 슬픔, 분노, 질투, 나태함, 잔인함 등을 포함하는 개념이다.[2] 우리가 미처 인식하지 못하거나 의식적으로 외면하는 심리적 맹점이라고도 설명할 수 있다. 그러나 융은 억압된 감정과 생각이 반드시 '나쁜 것'은 아니며, 긍정적인 특성 또한 그림자에 포함될 수 있다고 보았다. 여기서 긍정적인 특성이란, 타인에게 무시당했거나 부정당함으로써 우리 스스로 억눌러 온 성향들로, 창의성, 직관, 성적 취향 등이 해당된다. 융은 온전한 인격은 자신의 긍정적인 면과 부정적인 면을 모두 인정하고 받아들일 때 비로소 완성된다고 보았다. 자신의 '어두운' 측면까지 포용하는 것이야말로 진정한 의미의 자기완성임을 강조한 것이다.

사실, 이중자라는 개념은 원시적인 심리 방어기제인 '분열 splitting'에서 비롯된 것으로, 감당하기 어려운 상충된 감정 때문에 자신과 타인에 대한 인식이 둘로 나뉜 현상을 말한다. 분열이라는 방어기제는 타인에게 더 좋은 인상을 심어주기 위해-비록 실제와 다르더라도-자신의 성격 중 감추고 싶은 측면을 부인하는 전략이다. 그러나 드러내고 싶은 모습만 보여주는 게 과연 바람직한지에 대한 의문이 남는다. 앞서 언급했듯, 그림자 측면까지 나의 일부로 수용하는 것이 오히려 더 현실적일 수 있다. 어두운 측면을 더 잘 이해함으로써, 자신을 더 깊이 알 수 있기 때문이다. 융에 따르면, 그림자 자아 shadow self를 이해하는 것은, 그 이름과 달리, 우리의 내면 치유와 성장이 필요한 곳에 오히려 빛을 비추는 방법이 될 수 있다. 어두운 측면이 부정적이거나 음침한 것으로 여겨지는 것은, 우리가 그것을 억누르거나 외면할 때뿐이다.

이러한 맥락에서 보면, 나르시스가 자기 자신을 알아보는 순간 파멸할 운명이라는 예언은 분명 불길한 경고로 다가온다. 처음 자기 모습을 마주했을 때, 나르시스는 과연 자기 내면의 어떤 그림자 측면을 보게 되었을까? 만약 나르시스가 자신을 제대로 돌아보고 성찰할 수 있었다면, 어떤 깨달음을 얻을 수 있었을까? 하지만, 이 신화는 나르시스에게 스스로를 인식할 수 있는 심리적 자원이 없었다는 점 또한 시사하고 있다. 그래서 그의 운명은 자기 안의 더 파괴적인 성향들에 의해 결정되고 말았다. 한편, 우리는 나르시스 덕분에 특정 유형의 인간 행동을 더 잘 이해할 수 있게 되었다. 나르시스 신화는 거울 반사 현상과 이중자라는 개념의 중요성을 일깨워 주었을 뿐 아니라, 나르시시즘의 본질에 대한 이해를 심화시켰다. 바로 이러한 공헌 덕분에, 나르시스는 오늘날까지도 반복해서 언급되는 불멸의 존재가 되었다. 더 나아가 이 신화는 우리에게 과도한 나르시시즘의 위험성을 경고한다. 이에 대한 보다 구체적인 논의는 다음 장에서 이어가도록 하자.

> 나르시스 신화는 거울 반사 현상과 이중자라는 개념의 중요성을 일깨우며 나르시시즘의 본질에 대한 이해를 한층 심화

시켰다. 바로 이러한 공헌 덕분에 나르시스는 오늘날까지도 반복해서 언급되는 불멸의 존재로 자리매김했다.

참고 문헌

1. Lorraine E. Bahrick, Lisa Moss, and Christine Fadil (1996). Development of visual self-recognition in infancy. *Ecological Psychology, 8*(3), 189–208.

2. Carl Jung (1912/2003). *Psychology of the Unconscious*. New York: Dover.

인용문 출처

- Oscar Wilde (1894, December). Phrases and philosophies for the use of the young. In *The Chameleon* [Oxford student magazine].

- Virginia Woolf (1929). *A Room of One's Own*. London: Hogarth Press.

- Johann Wolfgang von Goethe (1872/1809). *Elective Affinities, with an Introduction by Victoria C. Woodhull*. Boston: D.W. Niles.

3장
나르시시즘이라는 파국

그녀는 언제나 자신의 발전을 위해 계획을 세우고, 완벽을 추구하며, 성장에 집중했다. 타고난 기질이 풀 향기, 바스락거리는 나뭇가지, 나무 그늘, 그리고 멀리까지 이어지는 길이 있는 정원과도 같았기에, 자아 성찰도 역시 마치 바깥을 거니는 산책으로 여겼다. 마음 깊은 곳을 들여다보는 일도, 그 안에서 장미를 한 아름 안고 돌아올 수 있다면 전혀 해로울 것이 없었다.

— 헨리 제임스 Henry James

부모가 아이를 치켜세우면 유아기 때부터 모든 것이 어긋나기 시작한다. 이야! 참 잘했어! 우와! 정말 멋져! 그놈 참 얌전하네!

— 블레즈 파스칼 Blaise Pascal

그녀는 오직 자기 자신에게만 실존이었고, 경험이었으며, 열정이었고, 감각의 집합체였다. 세상 모든 이에게 테스Tess는 그저 한순간 떠올랐다가 사라지는 생각에 불과했다.

— 토머스 하디 Thomas Hardy

나르시시스트의 세계

사람들은 흔히 나르시시스트의 행동을 그다지 해롭지 않은 것으로 여긴다. 나르시스 신화라고 하면, 연못에 비친 자기 모습을 애틋하게 바라보는 아름다운 청년의 모습이 가장 먼저 떠오를 것이다. 그러나 앞서 나르시스의 심리를 분석해 본 것처럼, 이 신화에는 겉으로 보이는 것 이상의 여러 의미가 담겨 있다. 실제로 나르시스 이야기는 거울 반사, 이중자, 그림자 자아, 그리고 멈춰버린 심리적 성장 같은 주제를 아우르는 복잡한 서사구조를 갖고 있다. 이 주제들을 살펴보기에 앞서 우리가 기억해야 할 것은, 삶을 살아가는 데 있어 어느 정도의 나르시시즘과 자기 고양이 반드시 필요하다는 점이다. 실제로 자기 고양의 정도가 지나치게 낮을 경우, 삶에 만족하기 어렵다.

오늘날 나르시시즘은 깊은 공허감, 낮은 자존감, 감정적 단절, 자기혐오, 대인관계에서 어려움을 감추고 있는 임상적 행동 특성으로 이해된다. 나르시시스트의 고통은 세상 모든 것이 자신을 위협하는 것처럼 느껴진다는 데 있다. 나르시시스트는 자신을 떠받들지 않는 사람들의 태도를 자신이 쌓아 올린 자부심에 대한 모독으로 받아들인다. 이는 과도한 자기 중요감(self-importance, 역자 주: 자신이 남들보다 더 중요하고 특별하다고 여기는 경향)이 자초한 고통이다. 나르시시스트는 또한 세상 만물이 자신의 만족을 위해 존재해야 한다는 자기만의 중력 법칙을 만들어 낸다. 이 법칙이 지켜지지 않을 때, 이들이 겪는 고통은 '나'의 아우성에서 자유로운 이들이 겪는 고통과는 비교할 수 없을 만큼 크다.

> 나르시시스트는 자신을 떠받들지 않는 사람들의 태도를, 자신이 쌓아 올린 자부심에 대한 모독으로 받아들인다. 이는 과도한 자기 중요감이 자초한 고통이다.

나르시시스트는 흔히 자기 중요감을 과도하게 드러내며, 끝없는 찬사에 대한 비현실적인 환상을 품는다. 또한 강한 특권 의식을 지니고 있으며, 비판을 받으면 깊은 수치심에 사로잡히거나 격렬하게 분노한다. 겉으로는 매우 독립적이고 자신감 있어 보이지만, 실제로는 타인의 인정을 통해서만 자신의 존재 가치를 확인받으려는 경향도 짙다. 이들은 자신을 찬양해 주는 관객 없이는 제대로 살아가지 못한다. 그러나 이처럼 과장된 자기 중요감은 사실상 자기 보호를 위해 사용하는 방어막일 뿐이다.

실제로 자기애성 인격장애Narcissistic Personality Disorder는 당사자뿐 아니라 이들과 사회적 관계를 맺어야 하는 사람들에게도 감당하기 어려운 문제다. 예컨대 "나에 관한 얘기가 아니라면, 네가 무슨 생각을 하든 상관없어" 같은 말을 아무렇지 않게 내뱉는 사람과 소통하는 일은 누구에게나 힘들 수밖에 없다. 대인관계 면에서도 이들은 결코 쉽게 다룰 수 있는 존재가 아니다. 사실상, 누군가가 자기애성 인격장애를 가졌다는 것은 그가 타인과 친밀한 관계를 맺지 못한다는 의미로 봐도 무방하다. *설령* 어떤 관계가 형성된다고 하더라도, 대부분 피상적인 수준에 머물고 만다.

자기애성 인격장애를 겪는 사람들에게는 인간에게 기본적이고도 필수적인 자질인 공감 능력이 결여되어 있다. 사실, 나르시시즘의 본질적 문제는 타인의 관점에서 세상을 바라보지 못한다는 데 있다. 나르시시스트는 자신만의 폐쇄된 세계 안에 갇혀 살아가며, 자기 외의 누구에게도 진심으로 공감하지 못하고 제대로 된 사회적 관계도 맺지 못한다. 타인의 감정을 이해하지 못하며, 친밀한 관계를 형성하고 유지하는 데에도 어려움을 겪는다.

또한 이들은 타인과 정서적으로 연결되지 않은 가짜 자아를 만들어 낸다. 타인이 그저 목적 달성을 위한 수단이 될 때, 그들의 감정이 존중될 리 없다. 자신을 더 잘 이해하고 발전시키려는 건강한 노력이 자기도취(self-absorption, 역자 주: 자기에게 지나치게 몰두하는 상태)로 변질되는 순간, 타인은 고유의 가치를 잃고 결국 나르시시스트의 욕구와 욕망을 채워주는 수단으로 전락해 버린다. 그렇기 때문에, 나르시시스트는 주변 사람들에게 매우 파괴적이고 위험한 존재가 될 수 있다.

> 나르시시스트는 자신만의 폐쇄된 세계 안에 갇혀 살아가며, 자기 외의 누구에게도 진심으로 공감하지 못하고 제대로 된 사회적 관계도 맺지 못한다.

앞에서도 언급했듯, 겉으로는 매우 자신감 넘쳐 보이는 나르시시스트의 대표적인 특징 중 하나는, 놀랍게도, 낮은 자존감이다. 사실 나르시시즘은 열등감에서 비롯된 고통으로부터 자신을 보호하기 위해 사용하는 감정 및 행동 차원의 방어기제로도 볼 수 있다. 따라서, 나르시시즘은 본질적으로 자기애와는 다르며, 오히려 자기 자신을 사랑하지 못해 비롯된 결과라 할 수 있다. 요컨대, 나르시시스트가 때로 자신의 우월함을 과장하고, 오만하고 자신만만한 태도를 보이는 이유가 낮은 자존감을 감추려는 방어 전략이라는 의미다. 나르시시스트가 쓴 사회적 가면은 이들에게 부여된 사회적 역할을 수행하는 데 도움이 되지만 이조차 타인의 인정 없이는 유지되기 어렵다. 이들은 또한 두려움 속에서 살아가기 때문에 겉으로 더욱 강한 모습을 보이려 애쓰는 특징이 있다.

> 자신을 더 잘 이해하고 발전시키려는 건강한 노력이 자기도취로 변질되는 순간, 타인은 고유의 가치를 잃고 결국 나르시시스트의 욕구와 욕망을 채워주는 수단으로 전락한다.

나르시시스트의 삶은 거짓 위에 세워진 것처럼 보이기도 한다. 겉으로는 압도적인 경쟁력을 지닌 자신감 넘치는 인물처럼 보일지 모르지만, 그 이면에는 두려움에 떨고 있는 어린아이가 숨어 있다. 그리고 마치 아이처럼, 세상 모든 것이 자신과 관련되어 있다고 믿으며 자기방어를 위해 매우 이기적인 행동을 한다. 이러한 과시적 행동은 근본적으로 자신은 사랑받을 수 없는 존재라는 깊은 불안감에서 비롯된다. 그래서 나르시시스트는 자신을 향한 끊임없는 사랑과 관심, 찬사가 이어지기를 갈구한다. 실제로 나르시시스트에게 내면의 평온을 유지할 만큼 충분한 자존감이 형성되어 있다고 보기 어려우며, 이들이 실제로 경험하는 감정은 자기애보다는 자기혐오에 가깝다고 할 수 있다. 현실과 과장된 허상 사이의 간극으로 인해, 나르시시스트는 쉽게 좌절하고 침울해하며, 때로는 분노를 폭발시키기도 한다.

> 나르시시스트는 두려움 속에서 살아가기 때문에 겉으로 더욱 강한 모습을 보이려 애쓴다

다시 강조하건대, 겉으로는 거만하고 자신감 넘쳐 보이는 나르시시스트의 태도는 낮은 자존감이라는 문제적 감정을 감추기 위한 위장술이다. 나르시시스트가 끊임없이 자신이 얼마나 대단한지에 집착하는 것처럼 보이는 이유도 바로 여기에 있다. 권력, 외모, 지위, 명성, 우월함-이 모든 것은 낮은 자존감을 숨기기 위한 장치다. 자신을 편안하게 받아들일 만큼의 건강한 자존감이 없는 이들은 끊임없이 타인의 사랑, 관심, 찬사를 갈망한다. 나르시시스트가 세상에 드러내는 자신감이라는 가면 뒤에는, 불안이 숨어 있다.

게다가 나르시시스트가 마치 세상이 자기 뜻대로 움직이는 것처럼 행동하며 드러내는 태도는 사실 환상에 지나지 않는다. 실상, 이들은 있는 그대로의 자신으로 존재할 만큼의 안정감을 느끼지 못한다. 자신이 보여주는 많은 모습이 진짜가 아니라는 사실을 누구보다 잘 알기에 깊은 불안을 느끼는 것은 물론이다. 또한 이 불안을 감추기 위해 타인의 시선을 끌거나 유명세·권력·카리스마를 지닌 인물을 모방하는 방식으로 과장된 자아를 만들어 낸다. 이처럼 나르시시스트는 항상 타인의 시선에 의존해 자기감을 형성하고, 끊임없이 타인과 사회적 지위, 소유물, 삶의 방식 등을 비교해 가며 자신의 가치와 존재감을 가늠한다. 나르시시스트의 과시적 행동은, 사실 걸음마를 배우는 아이들이 관심을 끌기 위해 꾸며내는 행동과 본질적으로 차이가 없으며, 그 이유 또한 다르지 않다. 나르시시스트는, 관심에 굶주린 사람들이다. 상황에 어울리지 않는 화려한 옷차림, 지나치게 큰 목소리, 과장된 몸짓 등이 이들이 흔히 보이는 과시적인 행동의 예이다. 그러나 나르시시스트가 겉으로 드러내는 자신감의 외피는 종잇장처럼 얇고 취약하다. 그 외피 안에는, 죄책감과 수치심에 짓눌린 채, 누군가와 진정으로 친밀한 관계를 맺기에는 자신이 모자란다고 믿는, 겁에 질린 내면이 있다. 이들의 내면 극장에는 언제든 자신의 실체가 들통날 수 있다는 불안이 따라다니며, 이 불안은 다시 과장된 겉모습을 유지하려는 강박으로 이어진다. 결국, 과도하게 부풀려진 자아는 텅 빈 내면을 감추기 위한 커다란 방패에 불과하며, 이런 점에서 나르시시스트의 행동은 일종의 생존 전략으로도 볼 수 있다. 그래서 겉으로는 자기실현(self-actualization, 역자 주: 개인이 갈망해 온 욕구를 충족시키고, 이상적인 자아에 이르려는 과정)을 추구하는 것처럼 *보일 수 있지만*, 타인과의 유대와 공감 없이는 *진정한* 자기실현에 이를 수 없다는 사실을 알지 못한다.

> 과도하게 부풀려진 자아는 텅 빈 내면을 감추기 위한 커다란 방패에 불과하다.

자기애성 인격장애가 있는 사람들에게 타인은 단지 거울일 뿐이다. 이때 타인은, 자신이 간절히 되고 싶어 하는 특별한 자아상을 되비추는 존재로서만 의미를 갖는다. 다른 사람이 나빠 보여야 자신이 더 좋아 보일 수 있다면, 예컨대 직장에서 다른 사람의 평판을 망가뜨리는 일도 서슴지 않는다. 이들에게 삶은 끊임없는 경쟁이며, 다른 사람이 가진 것으로 보이는 모든 것에 시기심을 느끼는 경우가 많다.

본질적으로 피상적이기 때문에, 나르시시스트는 내면 깊숙이 자리한 서늘하고 암울한 공허감을 채우기 위해 철저히 꾸며낸 가짜 자아를 지키고 유지하는 데 엄청난 에너지를 쏟는다. 이 가짜 자아를 유지하기 위해, 이들은 다른 사람을 착취하고, 이용하며, 심지어 학대하기도 한다. 이러한 행동은 결국 누구의 사랑이나 충성도 믿을 수 없다는 전제를 바탕으로 한다. 대신 나르시시스트는 삶에서 얻을 수 있는 모든 만족을 오직 자신의 힘으로 얻어내야 한다고 여긴다.

> 자기애성 인격장애가 있는 사람들에게 타인은 단지 거울일 뿐이다. 이때 타인은, 자신이 간절히 되고 싶어 하는 특별한 자아상을 되비추는 존재로서만 의미가 있다.

인정받고자 하는 나르시시스트의 욕구는 일종의 중독 장애로 볼 수 있다. 이들은 자신이 중요하다는 생각에 강하게 중독되어 있으며, 그렇기 때문에 끊임없는 사랑, 관심, 찬사를 갈망한다. 그리고 여느 중독자와 마찬가지로, 이 감정을 자주 느끼기 위해 수단과 방법을 가리지 않는다. 마치 약물처럼, 타인의 관심은 나르시시스트의 뇌에서 신경전달물질(뇌에서 전기화학적 신호를 전달하거나 차단하는 물질)을 분비해 일종의 '쾌감'을 유발하고, 나르시시스트는 다음 '투약'을 받기 위해 어떤 일이든 마다하지 않는다. 하지만 결국 약물처럼, 이들이 받는 관심은 일시적인 만족감에 지나지 않으므로 곧 다시 다음 '투약'을 원하게 된다. 끝없이 이어지는 이러한 갈망은 매우 소모적일 수밖에 없다. 나르시시스트는 자신이 받는 관심이 결코 충분하다고 느끼지 못하기 때문에, 항상 더 큰 주목과 인정을 좇게 된다.

다음 '투약'에 대한 갈망 때문에, 나르시시스트는 대인관계에서 타인을 착취하려는 경향을 보인다. 오직 자신의 욕구, 특히 외부로부터 얻는 인정 욕구를 충족시키는 데 집착하기 때문에, 끊임없이 타인을 이용한다. 그러나 '타인'이 더 이상 자신의 욕구를 채워주지 못한다고 판단하면, 그들이 어떤 상처를 입든 개의치 않고 관계를 끊어버린다. 실제로 나르시시스트는 '타인'을 비인격적인 존재, 즉 자신의 욕구를 충족시키기 위해 얼마든지 조종할 수 있는 대상으로 여긴다. 자기 행동으로 상대가 상처를 입거나 피해를 보는 것에는 전혀 관심이 없다. 그러나 '이용당하던' 사람들은 자신이 처한 상황을 결국 깨닫게 된다. 나르시시스트의 이 같은 행동 양상을 이해하면, 그들이 왜 늘 자신을 칭찬해 주고 불안정한 자존감을 떠받쳐 줄 사람을 찾아다니는지 알 수 있다. 그리고 이 과정에서 타인을 조종하려는 성향은 더욱 강해진다. 나르시시스트는 자신이 특별한 대우를 받아 마땅하다는 특권 의식을 지니고 있으며, 자신의 욕구가 타인의 욕구보다 우선시되어야 한다고 믿는다. 그래서 이들이 권력을 갖게 되면, 주변 사람들에게 상당히 위험한 존재가 될 수 있다.

나르시시즘과 리더십

먼저, 나르시시스트의 행동 특성은 개인에 따라 그 강도에 차이가 있다는 점을 짚고 넘어갈 필요가 있다. 사실 우리는 모두 때때로 나르시시스트 성향을 드러낸다. 앞서 언급했듯, 인간이 삶을 원활하게 살아가기 위해서는 일정 수준의 나르시시즘이 필요하다. 나르시시즘은 그 강도에 따라, 건설적 나르시시즘 constructive narcissism과 반응적 나르시시즘 reactive narcissism으로 나눌 수 있으며, 일반적으로 건강한 수준은 전자에, 과도한 수준은 후자에 속한다.[1]

> 우리는 모두 때때로 나르시시스트 성향을 드러낸다. … 인간

이 삶을 원활하게 살아가기 위해서는 일정 수준의 나르시시즘이 필요하다.

건설적 나르시시스트는 나이에 걸맞는 적절한 좌절감을 경험하며 성장한 사람들이다. 이들의 양육자는 도전 의식을 심어 주되 아이가 감당할 수 있는 수준의 좌절을 허용했고, 기본적인 신뢰감과 자율성을 확립하며 자랄 수 있도록 지지적인 환경을 마련해 주었다. 이러한 환경에서 자란 사람들은 성인이 되었을 때 비교적 정서적으로 안정된 경우가 많으며, 긍정적인 자존감과 자기성찰 능력, 타인을 향한 공감적 태도를 갖고 있다.

반면, 반응적 나르시시스트는 건설적 나르시시스트가 자란 건강한 양육 환경을 경험하지 못한 사람들이다. 이들은 양육자로부터 과도하거나 부족하거나, 혹은 일관성 없는 자극을 받으며 성장했다. 또한 오랜 기간 심한 방임 상태에 놓였거나 지속적인 정서적·신체적 학대 속에서 자랐을 가능성도 있다. 그 결과, 성인이 되어서도 결핍감, 불안, 열등감 같은 정서적 상처를 안고 살아간다. 이들은 건설적 나르시시스트에 비해 자기애성 인격장애에 훨씬 더 취약한 편이다. 반응적 나르시시스트가 자기애성 인격장애를 앓게 되면, 자신을 더 잘 이해하고 발전시키려는 건강한 노력조차도 자기도취로 변질되기 쉽다. 이렇게 되면, 반응적 나르시시스트에게 타인은 고유한 가치를 지닌 존재가 아니라 자신의 욕구와 욕망을 충족시키기 위한 수단이 되고 만다.

건설적 나르시시스트 역시 압도적인 존재감을 드러낸다. 그러나 개인적인 권력 추구가 이들의 목표는 아니다. 이들은 최종 결정을 내릴 준비가 되어 있으면서도, 타인의 조언에 기꺼이 귀를 기울이고 함께 상의한다. 변혁적 리더로서, 사람들이 일을 더 잘하도록 이끄는 역할에 그치지 않고, 일 자체에도 긍정적인 변화의 바람을 불러일으킨다. 사실, 나르시시즘이 부정적인 개념으로 받아들여지게 된 데는 반응적 나르시시스트의 책임이 크다. 반응적 나르시시스트는 대개 자기 집착, 타인에 대한 착취적 태도, 과도한 경직성, 편협한 시야, 변화에 대한 저항, 그리고 외부 환경에 적응하지 못하는 경향을 보인다.

반응적 나르시시스트야말로 특권 의식을 지닌 사람들이다. 이들은 규칙과 규제는 오직 다른 사람에게만 적용된다고 여기며 언제나 특별 대우를 기대한다. 이들의 내면 깊이 자리한 열등감과 불안은 종종 허세나 과도한 자기 중요감, 찬사에 대한 갈망으로 표출된다. 반응적 나르시시스트는 권력, 지위, 명성, 우월감에 집착하는 사람들로, 이런 성향 탓에 리더의 자리에 오르는 일도 비교적 흔한 편이다. 이들은 사회나 조직을 승자와 패자만이 존재하는 제로섬 게임으로 바라본다. 이들은 또한 자신이 받았다고 느끼는 모욕을 '되갚으려는' 욕망에서 권력을 갈망하기도 한다. 복수심은 자존심, 허영심과 맞닿은 감정이며, 반응적 나르시시스트는 세상 모든 것이 자신의 욕망에 따라야 하는 자기만의 세계를 만들어 낸다.

> 복수심은 자존심, 허영심과 맞닿은 감정이다.

• **에코이스트**

건설적 나르시시스트와 달리, 반응적 나르시시스트는 권력을 나누려 하지 않는다. 이들에게 타협은 낯선 개념이다. 반대나 비판을 용납하지 않기 때문에 동료들과 상의하는 일이 거의 없으며, 설령 상의한다고 해도 형식적인 차원에 머문다. 리더가 된 반응적 나르시시스트는 주로 '에코이스트(echoist 역자 주: 자신의 욕구와 감정을 억누르고 타인에게 과도하게 맞추는 사람)나 '예스맨'을 곁에 두는 경향이 있다. 여기서-나르시스 신화가 얼마나 다양한 의미를 품고 있는지를 다시 한번 입증해 주는-나르시스와 님프 에코의 만남 장면을 다시 떠올려 보자. 전형적인 나르시시스트는 흔히 자기만의 메아리 방에 갇혀, 듣고 싶은 말만 들으려 한다. 반면 에코이스트는 자기 의견을 잘 주장하지 못하며 타인의 기쁨을 위해 자신의 욕구와 감정을 희생하는 경향이 있다. 이러한 특성 때문에, 자기 과시의 스펙트럼 한쪽 끝에는 에코이즘, 반대편에는 나르시시즘이 놓인다. 반응적 나르시시스트는 오직 자기밖에 모르지만, 에코이스트는 자신을 거의 무가치한 존재로 여긴다. 리더십 맥락에서 이 조합은 특히 위험한 결과를 낳을 수 있다.

- **편집증**

반응적 나르시시스트는 일이 잘 풀릴 때조차 거친 언어로 주변 사람들을 괴롭힐 수 있다. 이들은 일이 잘못되어도 직접 책임지지 않으며, 대신 그 책임을 떠넘길 희생양을 찾는다. 스스로를 결점이 없는 존재로 여기기 때문에, 문제가 생기면 책임은 *응당* 타인의 몫이다. 자기 안의 '악함'을 부정하기 때문에, 나쁜 사람도 *응당* 타인이다. 이들은 자기 잘못을 세상에 떠넘긴다. 그리고 그 잘못의 책임이 자신에게 있을지도 모른다는 생각을 추호도 하지 못한다.

반응적 나르시시스트의 세계는 자신을 지지하는 사람과 자신을 반대하는 사람으로 나뉜다. 이들에게는 단 하나의 현실만 있다. 바로 자기만의 세상이다. 어떤 반응적 나르시시스트는 거짓말을 늘어놓다 못해, 결국 자기가 만든 망상 속에서 길을 잃는다. 왜곡되고 편집된 시각 탓에, 설령 상대방의 말에 전혀 그런 의도가 없더라도, 그 말을 개인적인 공격으로 받아들이며 분노를 터뜨리기도 한다. 이러한 '감정 폭발'은 무력감과 굴욕감으로 점철되었던 어린 시절의 행동이 되풀이된 것으로 보아야 한다. 하지만, 리더에게 부여된 권력이 클 경우, 이들의 분노가 주변에 미치는 영향은 실로 치명적일 수 있다. 이들의 분노로 인해 추종자들은 위축되고, 심지어 어린아이처럼 의존적인 상태로까지 퇴행할 수 있다.

> 어떤 반응적 나르시시스트는 거짓말을 늘어놓다 못해, 결국 자신이 만든 망상 속에서 길을 잃는다.

• 리더와 추종자

잘 알려진 바와 같이, 양방향 거울 반사 즉, 거울을 바라보는 사람과 그 거울에 비친 이미지 사이의 상호작용은 인간이라는 존재의 본질적인 한 측면이다. 이 과정은 감정, 기억, 무의식적 행동이 얽힌 복잡한 관계를 만들어 낼 뿐 아니라 전이 반응transference을 일으킨다. 여기서, 전이 반응이란 과거의 특정 인물에 대해 가졌던 감정이 현재 관계 맺고 있는 사람에게 무의식적으로 옮겨지는 현상이다.[2] 거울 반사mirroring와 이상화idealizing는 이러한 전이 반응의 대표적인 예로, 특히 리더와 추종자 관계에서 흔히 관찰된다.[3]

> 양방향 거울 반사 즉, 거울을 바라보는 사람과 그 거울에 비친 이미지 사이의 상호작용은 인간이라는 존재의 본질적인 한 측면이다.

위기 상황이 닥치면 무력감을 느낀 추종자들은 리더를 강력하고 자애로운 부모처럼 여기게 된다. 이때의 이상화 전이 반응은 일종의 심리적 방패 역할을 한다. 하지만 추종자들이 리더에게 투영하는 특성과 태도는 실제 리더와는 거의 관계가 없으며, 오히려 어린 시절 자신을 위험으로부터 보호해 주기 바랐던 이상적인 부모의 이미지와 연결되어 있을 수 있다. 추종자들의 상상 속에서 리더는 그들이 어린 시절 바랐던 이상적인 양육자의 특성-지혜로움, 강인함, 친절함, 자신에 대한 관심과 존중-이 모두 구현된 존재로 *탈바꿈한다*. 한편, 리더로서는 이러한 이상화 과정이 자신의 과장된 자아를 재활성화하는 계기가 될 수 있다. 마치 어린 시절에 양육자가 자신의 과시적 행동을 칭찬했던 시기가 되풀이되는 셈이다. 당연하게도, 리더는 자신이 이상화되는 상황을 불편해하지 않는다. 오히려 이상화 과정에서 추종자들이 보내는 지지를 거절하기 어려워하는 경우가 더 많다. 실제로 많은 정치 지도자들이 이런 관계에 중독되기도 한다. 이 같은 이상화 전이 반응은 광신적 추종 집단이 형성되는 초기 단계에 흔히 목격되는 현상이기도 하다.

> 나르시시스트 리더가 권력에 취해 폭주하게 될 때, 나르시시즘이라는 막강한 힘은 극도로 파괴적인 행동으로 이어진다.

물론, 거울 반사와 이상화 현상에는 긍정적인 면도 있다. 어려운 시기가 되면 헌신을 끌어내는 유대감을 형성할 수 있기 때문이다. 하지만 이러한 무의식적인 심리 역학으로 통찰력과 자기비판 능력이 일시적으로 마비되고, 그 결과 현실 검증 능력까지 무너지면서 비현실적인 기대와 환상에 따라 의사결정을 하게 될 수도 있다. 특히 반응적 나르시시즘 성향을 지닌 리더의 경우,

추종자와의 이러한 상호작용이 공모적 양상을 띠기 쉬우며, 그 결과 공공의 이익보다는 자신의 이미지 관리에 더 몰두하게 될 수 있다.

> 리더십을 발휘해야 할 상황에서도 자아는 모든 것을 흐릿하게 만든다.

그리고 나르시시스트가 권력에 취해 폭주하는 수많은 상황 속에서, 나르시시즘이라는 막강한 힘은 극도로 파괴적인 행동을 낳는다. 리더십을 발휘해야 할 상황에서도 자아는 모든 것을 흐릿하게 만든다. 안타깝게도 나르시시스트는 결코 자아를 내려두고 상황에 임하지 못한다. 리더십이 자기 자신뿐 아니라, 타인과 공동체에 관한 것이라는 사실을 전혀 인식하지 못하는 것이다. 다음은 중국 철학자 노자(老子)의 말이다.

> 최고의 지도자는 사람들이 그 존재를 거의 느끼지 못하는 이다.
> 그다음으로 좋은 지도자는 사람들의 사랑과 찬사를 받는 이고,
> 그다음은 두려움의 대상이 되는 이며,
> 가장 나쁜 지도자는 사람들에게 멸시받는 이다.

지도자가 사람들을 믿지 않으면,

사람들 또한 지도자를 믿지 않는다.

최고의 지도자는 말의 무게를 알고, 말을 아낀다.

그래서 그가 어떤 일을 이루었을 때,

모두 이렇게 말한다.

"우리가 이룬 것이다!"[4]

참고 문헌

1. Manfred F. R. Kets de Vries and Danny Miller (1985). Narcissism and leadership: An object relations perspective. *Human Relations, 38*(6), 583–601.

2. Joseph Breuer and Sigmund Freud (1995/1895). Studies in hysteria. *The Standard Edition of the Complete Psychological Works of Sigmund Freud*. Ed. James Strachey. London: Hogarth Press, Vol. 2, xxxii, pp. 1–335; Heinrich Racker (2001). *Transference and Counter-Transference*. New York: International Universities Press.

3. Heinz Kohut (1968). The psychoanalytic treatment of narcissistic personality disorders. In *The Search for the Self* (vol. I, pp. 477–509). New York: International Universities Press; Heinz Kohut (1971). *The Analysis of the Self*. New York: International Universities Press.

4. Lao Tzu (2017/sixth century BC). *Tao Te Ching: The Book of the Way and Its Power*. Transl. John R. Mabry. Hannacroix, NY: Apocryphile Press, Chapter 17.

인용문 출처

- Henry James (1881). *The Portrait of a Lady*. London: Macmillan and Co.

- Blaise Pascal (1910/1669). *Thoughts*. Transl. W. F. Trotter. New York: P. F. Collier & Son.

- Thomas Hardy (1891). *Tess of the D'Urbervilles: A Pure Woman*. London: James R. Osgood.

4장
이겨야 한다는 강박

삶에는 두 가지 비극이 있다. 하나는 간절히
바라던 소망을 이루지 못하는 것이고, 다른 하나는
그 소망을 이루는 것이다.

— 조지 버나드 쇼 George Bernard Shaw

모든 인간은 무언가를 소유하기보다, 무언가를
행하고, 나아가 어떤 존재가 되기를 바란다.

— 헨리 데이비드 소로 Henry David Thoreau

행복은 단순하게 사는 삶에서 온다. 욕망을
줄이고, 지금 가진 것에 만족하는 태도가
필요하다.

— 달라이 라마 Dalai Lama

금으로 가득 찬 그릇

이 장에서는 나르시시스트의 또 다른 행동 특성으로 알려진 이겨야 한다는 강박에 대해 살펴보고자 한다. 나르시시스트에게 승리란 삶을 지배하는 행동 양식에 가깝다. 물론 승리에 대한 욕구는 누구에게나 있는 본능이다. 그러나 승리가 삶의 전부이자 유일한 목표가 되는 순간, 그 결과는 가히 파괴적일 수 있다. 나르시시스트에게 승리란 곧 사회적 인정과 수용을 의미한다. 신경학적 관점에서 보면 마치 쾌락 유발 호르몬인 도파민에 중독된 사람 같다. 승리하게 되면 도파민이 분비되어 뇌의 보상 회로가 자극되고 강한 쾌감이 뒤따른다. 나르시시스트는 바로 이 쾌감을 반복해서 느끼고 싶어 한다. 문제는 이 욕구가 끝없이 이어진다는 데 있다.

마르쿠스 크라수스Marcus Crassus는 로마 공화정이 로마 제국으로 변모하는 데 핵심적인 역할을 했던 장군이자 정치가였다. 그는 탁월한 정치 감각으로 로마 사회의 요직을 차지했으며, 성공을 위해서라면 어떤 일이든 마다하지 않았다. 로마 시대의 최고위 관직인 집정관을 두 번이나 역임했다는 사실은 그의 업적이 얼마나 뛰어났는지를 보여주는 대표적인 지표다. 크라수스는 정치뿐 아니라 경제 분야에서도 두각을 나타냈으며, 탁월한 사업 수완과 교섭력을 발휘해 로마 최고의 부자가 되었다. 그의 자산을 지금의 화폐 가치로 환산하면 수조 원에 달했을 것이다. 그러나 부와 권력에 대한 끝없는 야망은 결국 그를 파국으로 몰고 갔다. 폼페이우스Pompey나 율리우스 카이사르Julius Caesar의 군사적 업적에 필적하고자 했던 크라수스는, (이미 충분히 부유했지만) 더 큰 부를 좇아 당시 부강했던 파르티아 제국 (현재 이란의 일부) 정복에 나섰다. 그러나 야망과 자만심에 휩싸여 무모하게 감행했던 이 원정에서 크라수스는 목숨을 잃었다. 전해지는 바에 따르면, 파르티아인들은 죽은 크라수스의 입에 녹인 금을 부어 그의 탐욕을 조롱했다고 한다. 어떤 대가를 치르더라도 이기려고 했던 집착이 스스로를 파멸로 몰고 간 셈이다.

앞서 설명했듯, 나르시시스트 성향의 야심가들은 언제나 존재해 왔다. 사실 일정 수준의 경쟁심은 인간이라면 누구에게나 있는 본능이다. 하지만 과도한 경쟁심은 삶을 지배하는 성격적 특성으로 변질될 수 있다. 크라수스 같은 인물들은 늘 자신을 경쟁 속에 몰아넣고, 오직 1등이 되기 위해 끊임없이 애를 쓴다. 이들은 패배를 견디지 못하며, 세상을 오직 '승자'와 '패자'로만 구분해 바라본다. 만족을 모르는 욕망에 시달릴 뿐 아니라, 자신보다 더 부유하거나 성공한 사람을 질투하고 원망한다. 이러한 분노에 사로잡힌 이들은 남보다 앞서기 위해서라면 수단과 방법을 가리지 않는다. 어떤 대가를 치르더라도 성공하겠다는 집념만이 이들을 움직이는 힘이다.

> 사실 일정 수준의 경쟁심은 인간이라면 누구에게나 있는 본능이다. 하지만 지나친 경쟁심은 삶을 지배하는 성격적 특성으로 변질될 수 있다.

크라수스 사례가 보여주듯, 나르시시즘, 탐욕, 그리고 질투는 서로 맞물려 작동한다. 특히 인간의 7대 죄악에 해당하는 탐욕과 질투는 가장 파괴적인 조합이 될 수 있다. 탐욕은 무슨 수를 써서라도 더 많이 쟁취하고 앞서가려는 끝없는 갈망이며, 종종 특권의식과도 연결된다. 밑이 빠진 독과도 같은 이 욕망에 사로잡힌 사람들은 일시적으로는 성취에 만족한 듯 보이다가도 곧 허전함과 공허함, 채워지지 않는 결핍감에 시달린다. 이렇게 채우고 얼으려는 끝없는 악순환에 빠진 이들은 결코 진정한 성취감이나 즐거움을 경험하지 못한다.

> 인간의 7대 죄악에 해당하는 탐욕과 질투는 가장 파괴적인 조합이 될 수 있다.

질투는 다른 사람이 자신이 바라는 것을 가지고 있다고 느낄 때 생기는 불만, 분노, 원망의 감정이다. 질투가 많은 사람은 늘 자기와 타인을 비교하고, 타인의 성공, 지성, 행복, 외모, 행운, 부를 못마땅해하다 못해 박탈감과 원망에 사로잡힌다. 질투가 많은 이들에게 귀하고 가치 있는 것을 소유하는 일은 자아를 유지하는 데 필수적이다. 자신의 지위가 위협받거나, 업적과 성취를 의심받거나, 경쟁에서 지거나, 한계를 느끼거나, 원하는 것을 얻지 못하는 모든 경험은 이들의 자기애에 깊은 상처를 남긴다. 다른 사람들이 가진 것을 자신이 갖지 못할 때, 무력감에 빠져 자존감이 무너지고 자기 연민에 빠지기도 한다. 그리고 탐욕과 마찬가지로, 질투 역시 자신이 원하는 것을 가진 사람을 깎아내리거나 해치려는 행동으로 이어질 수 있다.

탐욕과 질투: 이중 위협

여러 면에서 탐욕과 질투는 일란성 쌍둥이와도 같다. 탐욕과 질투는 모두 심리적으로 심각한 영향을 초래할 수 있는 복잡한 감정이며, 재산, 물건, 지위에 대한 소유 욕구나 사회적 인정에 대한 갈망과도 밀접하게 연결되어 있다. 잘 알려져 있듯, 탐욕과 질투에 사로잡힌 사람은 대개 자신의 현재 상황에 만족하지 못한다. 탐욕은 지금 가진 것이 충분하지 않다거나 가진 것을 잃을지도 모른다는 불안으로 이어지지만, 질투는 자신이 갈망하는 것을 이미 가진 사람들에 대한 원망과 분노로 발전한다. 탐욕은 종종 자신보다 더 많은 것을 가진 이들과의 비교에서 비롯되어 결과적으로 그들을 따라잡거나 넘어서려는 욕망을 불러일으키지만, 질투는 자신에게 없는 무언가를 가진 사람을 보며 느끼는 열등감과 분노가 핵심이다.

> 질투의 중심에는 보통 공허감이나 결핍감, 혹은 열등감이 자리하고 있다.

심리학적으로 깊이 들여다보면, 탐욕은 흔히 정서적 트라우마, 결핍, 충족되지 못한 욕구에서 비롯된다. 반면 질투가 강한 사람들은 외적인 성취나 소유물로 내면의 공허함을 채우려 한다. 질투의 중심에는 보통 공허감이나, 결핍, 혹은 열등감이 자리하고 있다. 질투가 많은 사람은 자신이 열등하다고 느끼며, 자기보다 유리한 위치에 있는 사람들에게 적개심을 품는다. 심지어 그들이 지위나 재산을 잃기를 바라며, 망신을 당하거나 불행을 겪는 모습을 보면서 은근한 쾌감을 느끼기도 한다. 무의식적 차원에서 보면, 탐욕은 무언가를 소유하려는 개인적 욕망에서 비롯된 자기중심적 감정인 반면, 질투는 타인이 가진 것에 초점이 맞춰진 타인 중심적 감정이다.

탐욕과 질투에 사로잡힌 사람은 자기 삶에 만족하며 살아가지 못한다. 이들의 내면 극장에서 반복되는 대본에는 불공정하다는 착각이나 열등감이 가득하며, 자신에게 만족감을 느끼게 해줄 내적 자원이 부족한 경우도 많다. 그 결과, 이들은 만족감을 찾아 끊임없이 새로운 형태의 자극을 좇는다. 이런 점에서 보면, 나르시시스트가 심리적 균형을 유지하기 위해 칭찬, 관심, 인정 같은 외부의 지지에 의존하는 것도 그리 놀랍지 않다. 그러나 이들의 심리 상태는 매우 취약하므로, 아무리 많은 것을 얻더라도 *결코 만족하지 못한다*. 실제로 나르시시스트는 자기 안에서 일어나는 충동조차 제대로 인식하지 못하고 살아간다. 하지만 내면 세계와 외면 세계를 통합하지 않는 한, 다시 말해 스스로에게 진실하지 않은 한, 창의적인 잠재력을 발휘하거나 지속 가능한 성공을 이루는 것은 물론, 근본적인 행복조차 느낄 수 없다. 따라서 나르시시스트 성향을 지닌 사람이 자기 삶의 목적을 찾고자 한다면, 외부가 아닌 내면에 집중하여 자신에게 진정으로 중요한 것이 무엇인지부터 찾아야 한다.

> 무의식적 차원에서 보면, 탐욕은 무언가를 소유하려는 개인적 욕망에서 비롯된 자기중심적인 감정인 반면, 질투는 타인이 가진 것에 초점이 맞춰진 타인 중심적 감정이다.

진화적 관점에서 본 탐욕과 질투

사실, 부, 권력, 외모, 지위에 대한 추구는 언제나 인간 본성의 일부였다. 생존을 위한 진화적 투쟁의 역사 속에서 이러한 욕망은 초기 인류가 사회적·경제적 지위를 높이는 데 중요한 역할을 해왔다. 사실 모든 인간의 내면에는 잠재된 욕구와 결핍이 있으며, 이는 무언가를 얻고 소유하려는 충동을 자극한다. 그런 점에서 부는 오랫동안 지위를 나타내는 상징으로 여겨져 왔으며, 탐욕은 인간의 생물학적 본능이라고 할 수 있다. 질투도 마찬가지다. 진화적 관점에서 보면, 질투는 사람들로 하여금 타인이 가진 것을 자신도 갖기 위해 행동하게 만들고, 그 과정에서 사회적·경제적 자본을 축적하도록 유도했다. 이런 맥락에서 보면, 적절한 수준의 탐욕과 질투는 목표를 향해 나아가고 야망을 실현하는 긍정적인 동력이 될 수 있다. 그러나 그 정도가 지나치면, 무자비하고 파괴적인 행동의 씨앗이 되고 만다.

앞으로 더 자세히 다루겠지만, 안타깝게도 나르시시즘, 탐욕, 질투는 현대 사회에 이르러 더욱 기승을 부리고 있다. 물질주의와 자본주의가 내세우는 핵심 가치가 특권 의식과 자기 이익을 우선시하는 태도를 정당화함으로써 이 같은 성향을 뒷받침하고 있기 때문이다. 그러나 소비지향적이고 물질주의적인 풍조가 일상을 지배하게 되면, 우리는 결코 진정으로 만족스럽고 의미 있는 삶에 도달할 수 없다.

> 사실 모든 인간의 내면에는 잠재된 욕구와 결핍이 있으며,
> 이는 무언가를 얻고 소유하려는 충동을 자극한다.

인용문 출처

- George Bernard Shaw (1903). *Man and Superman: A Comedy and a Philosophy*. Westminster: Archibald Constable & Co.

- Henry David Thoreau (1886/1854). *Walden*. London: Walter Scott.

5장
오만의 유혹

오만한 자는 스스로를 삼켜버린다. 오만은 곧
그의 거울이요, 나팔이자, 연대기다.

　　-윌리엄 셰익스피어 William Shakespeare

　　　　　　　　　자만심을 버려라,
　　　　　　　　　오만함을 내려놓아라,
　　　　　　　　　그리고 당신의 무덤을 기억하라.

　　　　　　　　　　-알리 이븐 아비 탈리브 Ali ibn Abi Talib

그는 아무것도 모르면서, 모든 것을 안다고 생각한다.
그러니 정치인의 길을 가게 될 것이다.

　　-조지 버나드 쇼 George Bernard Shaw

승리에 대한 강박은 자연스럽게 오만이라는 주제로 이어진다. 오만은 나르시시즘과 리더십을 논할 때 빼놓을 수 없는 핵심 요소다. 이 장에서는 나르시시스트 성향의 행동을 유발하는 다양한 요인을 살펴보고자 한다. 다음은 리더십이 필요한 상황에서 오만이 얼마나 터무니없는 방식으로 발현될 수 있는지를 보여주는 사례다.

기원전 480년, 고대 페르시아 제국의 왕 크세르크세스Xerxes 1세는 유럽과 아시아를 가르는 약 1.2km 길이의 좁은 해협, 헬레스폰트를 병사들과 함께 건널 준비를 하고 있었다. 이집트와 바빌론에서 일어난 반란을 막 진압하고 한껏 의기양양한 상태였던 그는 아버지 다리우스 왕이 그리스에 당했던 패배를 되갚고자 약 30만 명에 달하는 병력을 동원해 그리스로 진군할 계획을 세웠다. 그는 먼저 이 대군이 헬레스폰트 해협을 신속하게 건널 수 있도록 기술자들을 동원해 거대한 부교를 짓게 했다. 그러나 안타깝게도, 이 공사는 허사로 돌아갔다. 크세르크세스와 병력이 도착하기 전, 거센 폭풍이 몰아친 탓에 부교가 완전히 무너져 버린 것이다. 분노한 크세르크세스는 바다에 분풀이했다. 그는 병사들에게 바다를 삼백 번 채찍질하고 붉게 달군 쇠꼬챙이로 찌른 뒤 그 존재 자체를 저주하라고 명령했다. 그리고 바다가 자신의 권위에 굴복해야 한다는 점을 상징적으로 보여주기 위해 수갑을 바다로 던졌다. 이 기이한 광경은 부교 건설을 맡았던 기술자들을 참수하라는 명령으로 마무리되었다. 이처럼 극단적인 조치 이후, 크세르크세스는 배 600척을 파피루스와 아마포 줄로 묶어 연결하는 방식으로 부교를 재건했다. 전해지는 기록에 따르면, 그의 군대가 이 부교를 통해 해협을 건너는 데 꼬박 일주일이 걸렸다고 한다. 그러나 안타깝게도, 이 모든 노력은 결국 물거품이 되고 말았다. 크세르크세스가 그리스 원정에서 참패당하면서 페르시아를 정복하겠다는 야망이 끝내 좌절되었기 때문이다.

크세르크세스가 병사들을 시켜 바다를 채찍질하게 한 일화는 오만의 전형적인 사례로 회자되어 왔다. 이는 분명 극도의 자만과 지나친 자부심, 그리고 주변을 긴장시키기에 충분한 거만함이 뒤섞인 행동이었다. 크세르크세스는 이전의 승리에 심취해 이제 자신에게 불가능한 일은 없다고 믿었다. 오만에 흠뻑 빠져 있었기 때문에 실패는 상상조차 할 수 없었다.

오만은 과도한 성공에서 비롯된 일종의 혼돈 상태라고 할 수 있다. 오만을 뜻하는 영어 단어 hybris/hubris는 고대 그리스어에서 유래한 말이다. 본래 '지나침'을 의미했으며 인간의 행동이 도를 넘은 상태를 일컬을 때 사용되었다. 크세르크세스 사례가 보여주듯, 오만은 인간이 지켜야 할 선을 넘어서는 파격적인 일탈이자, 망상적 사고로의 퇴행이다. 오만에 사로잡힌 이들은 자신이 세상을 바라보는 방식이 곧 세상이 존재해야 할 방식이라고 착각한다. 이런 착각은 곧 현실과의 단절을 의미한다. 오만한 사람은 자기 능력을 과대평가한다. 심지어 자신에게 아무런 한계도 두지 않는 극단적인 경우도 있다. 자신이 내린 결정이 무조건 '옳다'고 확신하기 때문에, 실용성이나 비용, 성공 가능성에 대한 우려 섞인 비판은 전혀 받아들이지 않는다. 심지어 그 결정의 결과가 좋지 않더라도, 여전히 자신은 옳은 일을 했다고 굳게 믿는다.

> 오만은 인간이 지켜야 할 선을 넘어서는 파격적인 일탈이자, 망상적 사고로의 퇴행이다.

고대 그리스인들은 오만한 행동이 근본적으로 도를 넘는다고 보고 하나의 범죄로 간주했다. 그들은 오만을 은밀하게 퍼지는 독으로 여겼다. 그리스 도덕 체계의 핵심은 인간이 본래 한계를 가진 존재라는 인식에 있었다. 그리고 그 한계를 무시한 채, 자기 뜻대로 모든 것을 관철하려는 사람은 반드시 그에 상응하는 대가를 치르게 된다고 믿었다. 이를 잘 보여주는 대표적인 사례가 바로 아라크네Arachne 신화다. 젊고 솜씨 좋은 직조공이었던 아라크네는 자신의 실력이 여신 아테나Athena보다 뛰어나다고 주장한 끝에 (비록 이 주장이 사실이긴 했지만), 결국 거미로 변하는 벌을 받는다.

이처럼 그리스 신화에는 인간의 한계를 망각한 채 오만에 빠져 마치 자신이 불멸의 존재인 것처럼 행동하는 인물들의 이야기가 반복적으로 등장한다. 델포이 아폴론 신전 위에 '너 자신을 알라'와 '지나침은 금물'이라는 경구가 새겨져 있는 것도 비슷한 맥락으로 이해할 수 있다. 고대 그리스인들은 평범한 인간이 특정 능력이나 자질에서 신을 능가하려 드는 것을 곧 신에 대한 도전으로 여겼으며, 이런 행동에는 대개 끔찍한 벌이 뒤따랐다. 결국 그들에게 있어 오만은 복수의 여신 네메시스와 떼려야 뗄 수 없는 개념이었다. 오만에 도취된 자는 누구든 그녀의 심판을 피할 수 없었기 때문이다.

고대 그리스인들은 오만한 행동이 근본적으로 도를 넘는다고 보고 하나의 범죄로 간주했다.

나르시시즘과 오만

지금까지 살펴본 바에 따르면, 나르시시즘은 오만과 거의 구별이 어려울 만큼 유사한 개념이라는 생각이 들 것이다. 실제로 일상 언어에서는 나르시시즘과 오만을 유의어처럼 서로 바꿔 쓰는 경우도 적지 않다. 하지만 나르시시스트가 오만에 빠지기 쉬운 경향이 있다고 해서 두 개념을 동일시할 수는 없다. 이 둘 사이에는 본질적인 차이가 존재하기 때문이다. 앞서 살펴봤듯, 나르시시스트는 자기 자신에 대한 과장된 인식을 가지고 있다. 타인의 인정과 찬사를 갈망하기 때문에 자신의 영향력에 대한 환상에 사로잡혀 있으며, 이 환상으로 인해 비틀린 자아는 더욱 막강해지고 부풀려진다. 나르시시스트는 이렇게 과장된 자아상을 반복적으로 확인하고 뒷받침해 줄 현실을 구축하려 애쓴다. 그러나, 오만에 빠진 사람들처럼 권력에 취해 현실 감각을 완전히 잃는 경우는 나르시시스트에게서 찾아보기 어렵다. 이런 점에서 나르시시즘은 비교적 안정된 성격 특성으로 간주할 수 있는 반면, 오만은 상당한 권력을 얻은 뒤에 나타나는 인격의 변형으로 볼 수 있다. 나르시시스트 유형의 리더들은 오직 긍정적인 자기 이미지를 부각하려는 목적으로 의사결정을 내리고 주목받는 것을 즐기지만, 현실 감각을 잃지 않는 한 이들의 나르시시즘은 '통제된 범위' 안에 머문다.

> 나르시시즘은 비교적 안정된 성격 특성으로 간주할 수 있는 반면, 오만은 상당한 권력을 얻은 뒤에 나타나는 인격의 변형으로 볼 수 있다.

그러나 이처럼 '통제된' 나르시시즘은 오만에 빠지는 순간 사라진다. 이런 점에서 오만은 '통제되지 않은' 나르시시즘과 같다. 오만에 사로잡힌 사람들은 권력에 취해 과도한 행동을 일삼으며 오만을 더욱 노골적으로 드러낼 토대를 마련한다.

> 오만은 '통제되지 않은' 나르시시즘과 같다.

오만한 리더에게는 자신을 드러낼 무대가 굳이 필요하지 않다. 이들은 자신의 이미지를 드러내기 위해 다른 이들의 시선을

끄는 일에 관심이 없다. 통제된 나르시시스트와 달리, 이들은 자신이 타인보다 훨씬 우월하다는 믿음 아래, 자신에게 허용된 행동의 경계를 시험하려 든다. 결국, 전능에 가까운 과도한 자기 확신은 충동적이고 무모한 행동으로 이어지고, 급기야 몰락과 파멸을 맞게 된다.

오만과 나르시시즘은 함께 나타날 수 있지만, 나르시시즘이 오만보다 좀 더 미묘한 양상을 띤다. 리더십 관점에서 오만과 나르시시즘 모두 부정적인 측면을 지니지만, 그럼에도 나르시시스트 성향의 리더에게는 성공할 가능성이 열려 있다. 실제로, 리더의 나르시시즘은 리더의 *카리스마*-강한 인상을 남기고, 영향력을 행사하며, 영감을 주는 능력-와 긍정적인 상관관계를 보인다. 이러한 리더는 탁월한 자신감과 에너지, 위험을 감수하려는 태도, 뛰어난 언변, 그리고 웅대한 신념 체계를 선보이며 사람들에게 영감을 주는 비전 있는 리더십을 발휘할 수 있으며, 이를 통해 성공적인 리더가 될 수 있다.

따라서 나르시시스트 성향의 행동에는 긍정적인 면과 부정적인 면이 공존할 수 있는 반면, 오만에서 비롯된 행동은 대개 통제할 수 없는 과잉 상태로 나타난다. 리더십 맥락에서 오만은 명백하게 해롭고 파괴적이다. 오만한 리더는 권력을 비효율적이고 해로운 방식으로 행사하는 경향이 있으며, 끝 모를 자기 과시는 극도로 파괴적인 행동으로 이어진다. 오만한 리더는 사적·공적 경계를 가리지 않으며, 통제되지 않은 야망을 실현하기 위해 권력을 남용한다.

개념적으로 볼 때, 오만한 행동과 나르시시스트 행동의 기원은 상당히 다르다. 나르시시즘은 성인기 이전에 나타나 지속되는 성격적 특성인 반면, 오만은 어느 정도 성장한 이후, 특히 상당한 권력을 손에 쥐게 되었을 때 나타나는 후천적인 성향으로 보아야 한다.

> 오만은 한 개인의 성격 문제라기보다는, 리더의 위치에 올랐을 때 나타나는 일종의 폐해다.

일반적으로, 오만한 사람은 타인을 업신여긴다. 자신을 대단히 중요하게 여기고, 자신의 능력을 비현실적으로 과대평가한 결과다. 과거의 성공에 도취된 상태로 권력을 쥔 이들은 자신의 능력을 점점 더 과대평가하며, 결국 사회적으로 용인되는 행동의 경계를 넘어서려 한다. 이렇게 통제력을 잃은 상태에서 권력을 휘두르게 되면, 오만한 행동은 더욱 노골적으로 표면화된다.

그 대표적인 예가 바로 크세르크세스다. 오만에 빠진 이들은 과도한 자신감, 자신의 무오류성에 대한 확신, 비판자를 경멸하는 태도, 현실과의 단절과 같은 심각한 성격적 결함으로 인해 결국 몰락하고 만다.

그러나 여기서 주목할 점은, 나르시시스트 성향이 오만을 악화시키는 하나의 요인이 될 수 있다는 것이다. 나르시시스트 성향을 지닌 사람이 권력을 갖게 되면, 자신감과 우월감이 고조되면서, 자기 자신에 대한 과장된 인식, 능력에 대한 과대평가, 특권의식, 그리고 오만한 행동을 강화하는 조건이 형성될 수 있다. 이러한 심리적 역학이 지속되면, 결국 심각한 자아도취 상태에 빠지고 만다. 이로 인해 오만은 나르시시즘 행동에서 파생된 병리적 현상이 된다. 그러나 권력을 상실하면, 오만은 사라진다.

> 오만은 나르시시즘 같은 성격 장애라기보다, 일종의 적응장애로 보아야 한다. 권력을 얻은 뒤에야 비로소 드러나는 특성이기 때문이다.

성격적으로는 나르시시스트에 해당하는 리더들도, 리더십을 수행하는 과정에서 오만하게 행동하는 경우가 많다. 일부 학자들은 이 현상을 설명하기 위해 '오만 증후군hubris syndrome'이라는 개념을 제안하고, 오만이 리더와 밀접하게 연관된 성격장애라는 점을 지적했다.¹ 또한 오만 증후군을 설명하면서, 오만이 통제되지 않을 경우 개인적 차원은 물론 사회적 차원에서도 파국적인 결과를 초래할 수 있다는 점을 분명히 했다.

오만한 리더십

앞서 언급했듯, 오만한 행동은 권력을 손에 쥘 때 촉발된다. 오만은 권력이 오래 유지되고, 그 영향력이 커질수록 더욱 심화된다. 단지 권력을 가졌다는 사실만으로도 부적절하게 행동할 가능성은 높아지며, 이는 의도치 않은 부정적인 결과로 이어질 수 있다. 이러한 경향은 특히 과거에 자신이 결정을 내리고 행동한 결과 성공해 본 경험이 있는 경우 더욱 두드러진다. 여기서 다시 한번 크세르크세스의 사례를 떠올려 볼 수 있다. 이집트와 바빌론에서의 승리 이후, 그의 자만심은 현실 감각을 잃어버릴 정도로 과도하게 부풀어 있었다.

오만한 리더는 손에 쥔 권력과 과거의 성공에 도취해, 자신의 능력을 과신하고 앞으로의 성공 가능성을 과대평가한다. 이들은 모든 것이 가능하다고 믿는 비이성적인 과잉 확신에 빠져, 일을 그르칠 수 있는 위험 요소들을 과소평가하거나 아예 무시해 버린다. 오만에 빠진 리더는, 어떤 일의 성공 가능성이 낮다는 비판을 귀담아 듣지 않는다. 사실상 누구도 제어할 수 없는 존재가 되어버리는 것이다. 이들에게 한계란 자신이 아닌, 다른 사람들에게만 적용되는 개념일 뿐이다. 그렇기 때문에 무책임하고 무모한 행동, 심지어 비도덕적인 행위도 서슴지 않는다. 오만에 빠진 사람은 결국 선을 넘는다. 도덕 따위는 안중에도 없다.

> 오만한 리더는 손에 쥔 권력과 과거의 성공에 도취해, 자신의 능력을 과신하고 앞으로의 성공 가능성을 과대평가한다.

'교만은 패망의 선봉이다'라는 성경 속 격언은 권력에 도취된 상태의 위험성을 날카롭게 지적한다. 영국의 정치인이자 역사가였던 로드 액턴 Lord Acton의 말, '권력은 타락하기 쉽다. 그리고 절대 권력은 절대 타락한다'[2]도 널리 알려진 경고다. 로드 액턴의 말처럼, 권력의 도취가 불러온 타락은 결코 행복한 결말로 이어지기 어렵다.

안타깝게도, 현대 사회에서 오만한 리더를 찾기란 그리 어렵지 않다. 우리가 오만이 만연한 '팬데믹'의 한 가운데 서 있다고 해도 과언이 아니기 때문이다. 너무도 많은 리더가 자기도취에 제동을 걸지 못한 채 파멸의 길로 치닫고 있으며, 그 여파로 이들이 이끄는 조직이나 국가 역시 급속히 몰락하고 있다.

리더의 오만을 부추기는 외부 요인들이 있다. 권력이 상당하거나, 권력 행사에 별다른 제약이 없고, 권력 유지 기간이 길어진 경우가 대표적이다. 이 요인들이 결합되면, 리더는 머지않아 자신을 전지전능한 존재처럼 여기는 환경에 둘러싸이게 된다. 정치 지도자들은 오만에 더욱 취약하다. 특히 독재 정권의 지도자라면, 그 위험성은 더욱 커진다. 이들의 행동을 견제할 수단이 거의 없기 때문이다.

> 현대 사회에서 오만한 리더를 찾기란 그리 어렵지 않다. 사실, 우리가 오만이라는 '팬데믹' 한 가운데 서 있다고 해도 과언이 아니기 때문이다.

다시 크세르크세스의 이야기로 돌아가 보자. 지금 권력을 쥔 사람이라면, 역사학자 헤로도토스Herodotus가 크세르크세스를 두고 남긴 다음 글을 반드시 읽어볼 필요가 있다.

그리스를 침략한 이는 신이 아니라 인간이었다. 태어난 그날부터 시작되는 불행을 피할 수 있는 인간은, 지금껏 없었으며, 앞으로도 없을 것이다. 위대한 인간일수록 겪어야 할 불행도 큰 법. 그리스를 침략한 자 또한 인간이었기에, 한때의 영광 뒤 몰락하는 운명을 피할 수 없었다.[3]

앞에서도 언급했듯, 권력은 머리를 부풀려 왕관을 산산조각 낸다. 자신을 신이라 여기는 크세르크세스 같은 이들은 가장 높이 오른 만큼, 가장 비참하게 추락한다. 크세르크세스도 예외는 아니었다. 그 이전에도, 그 이후에도 수많은 이들이 같은 길을 걸었다. 신화든, 전설이든, 아니면 실제든, 오만에 관한 이야기는 끝 모르게 이어진다.

오만이라는 달콤한 착각이 얼마나 비극적인 결말로 이어질 수 있는지를 보여주는 또 하나의 예로, 그리스 신화 속 이카루스 Icarus 이야기를 들 수 있다. 아버지 다이달로스 Daedalus 가 깃털과 밀랍으로 만들어 준 날개를 달고 하늘을 날 수 있게 된 이카루스는, 그 능력에 도취하고 만다. 자만에 빠진 그는 너무 낮게도, 너무 높게도 날지 말라는 아버지의 경고를 무시하고, 결국 그 대가를 치른다. 너무 높이 오른 탓에 태양에 밀랍이 녹아내리면서 바다로 추락해 목숨을 잃게 된 것이다.

현대의 기업인 중 오만에 빠졌던 이들의 몰락은 비단 비유적 차원에서 밀랍이 녹아내리는 수준에 그치지 않았다. 위워크 WeWork의 애덤 뉴먼 Adam Neumann, FTX의 샘 뱅크먼-프리드, 테라노스 Theranos의 엘리자베스 홈스 Elizabeth Holmes와 같은 인물들이 오만에 물들어 일으킨 파장은, 이들을 믿었던 수많은 사람들의 재산을 한순간에 증발시켰다. 그러나 이들이 초래한 고통조차, 정치 지도자들, 예를 들어, 북한의 김정은, 시리아의 바샤르 알 아사드 Bashar al-Assad, 러시아의 블라디미르 푸틴 Vladimir Putin이 남긴 피해에 비하면 미미한 수준이다. 이들이 초래한 피해는 단순한 경제적 손실을 넘어, 수많은 생명의 죽음으로 집계된다. 이러한 현실은 자기 자신조차 통제하지 못하는 이들에게, 과연 타인을 통제할 권한을 맡겨도 되는지 되묻게 한다.

> 오만한 정치 지도자들이 남긴 피해는 자기 자신조차 통제하지 못하는 이들에게, 과연 타인을 통제할 권한을 맡겨도 되는지 되묻게 한다.

오늘날 이러한 리더십의 행태와 그로 야기되는 끔찍한 결과는 그리 멀지 않은 곳에서도 쉽게 찾을 수 있다. 가장 대표적인 사례가 바로 푸틴의 행보다. 오만에 사로잡힌 그는 점점 더 편집증적인 사고에 빠져들었고 급기야 자신을 타락한 서구 세력으로부터 '신성한 러시아'를 구원할 구세주라고 착각하기에 이르렀다. 그의 상상 속에 자리 잡은 난해한 세계관에 따르면 러시아는 나치주의자들과 워키즘Wokism의 위협을 받는 나라다. 그리고 바로 그 병적 세계관이 수십만 명을 죽음으로 몰아넣은 끔찍한 전쟁을 일으켰다.

참고 문헌

1. David Owen and Jonathan Davidson (2009). Hubris syndrome: An acquired personality disorder? A study of U.S. Presidents and UK Prime Ministers over the last 100 years. *Brain, 132*(5), 1396–1406.

2. Lord Acton (1907/1887). Letter to Bishop Mandell Creighton, April 5, 1887. Transcript of, published in *Historical Essays and Studies*, edited by J. N. Figgis and R. V. Laurence. London: Macmillan.

3. Herodotus, *Histories*, 7.198–238.

인용문 출처

- William Shakespeare (1901/c.1602). *Troilus and Cressida*. New York: The University Society, Act II, scene 3, line 164.

- George Bernard Shaw (1917/1905). *Major Barbara*. New York: Brentano's.

6장
오만과 응징: 죽음의 무도

그리고 석상의 받침대 위에는 이런 문구가 새겨져 있었다.
"나는 왕 중의 왕, 오지맨디아스Ozymandias다.
너희 권세자들아! 내가 이룬 위업 앞에 모두 절망하라!"
하지만 주위에는 아무것도 남아 있지 않았다.
그 거대한 폐허의 잔해 주변에는
끝없이 황량한 모래벌 판만이
적막하게 펼쳐져 있을 뿐이었다.

— 퍼시 비시 셸리 Percy Bysshe Shelley

덕성과 예술의 신이 있다고 해도, 네메시스는
제 일을 다하리니. 우리가 애쓰고 몸부림쳐 봐야,
거대한 운명의 올가미만 더욱 조여올 뿐이다.

— 랄프 왈도 에머슨 Ralph Waldo Emerson

하이브리스-네메시스형 지도자의 위험성

앞서 살펴본 바와 같이, 오만은 그 자체만으로도 많은 문제를 일으킬 수 있다. 그러나 상황을 더욱 악화시키는 것은 오만과 응징이 함께 추는 죽음의 무도다. 오만과 응징 사이의 심리적 연관성을 명확하게 하기 위해, 이 장에서는 두 개념의 상호작용을 살펴보면서 나르시시스트를 구별 짓는 또 다른 특성에 대해 논의하고자 한다. 이번에도 다시 나르시스 신화에서 출발해 보자.

그리스 신화에 따르면, 하이브리스는 무모한 자만과 교만을 상징하는 여신이었다. 그녀는 무례한 행동뿐 아니라 자제력이 전혀 없다는 점에서도 악명이 높았다. 그래서 다른 신들은 하이브리스의 괴팍한 행동을 피하기 위해 가능한 거리를 두었다. 한편, 네메시스는 의로운 분노와 응징의 여신이었다. 네메시스의 응징은 오만과 불의에 대한 처벌이자, 인간사의 균형을 바로잡는 것으로 여겨졌다.

앞서 보았듯, 고대 그리스인들은 이러한 여신들의 이야기를 통해 인간의 본성을 탐구하고 우주의 질서 속에서 인간이 차지하는 위치를 이해하고자 했다. 실제로, 이 두 여신의 상징성은 인간의 정신 깊숙이 뿌리내리고 있어, 우리의 생각, 기억, 이미지, 신념, 감정을 통해 표면화되고 행동 방식에도 영향을 미친다.

겉보기에는 하이브리스와 네메시스가 서로 대립하는 존재처럼 보이지만, 이 둘이 결합하면 양립할 수 있는 모순이 된다. 두 힘이 짝을 이루면 서로를 더욱 강화해 단순한 합을 넘어서는 위력을 갖게 된다. 나아가 '하이브리스-네메시스' 결합은 폭발적인 하나의 구조로 전환되어 매우 강력한 심리적 역학을 만들어 내며, 특히 힘없는 약자들의 마음을 뒤흔든다.

> '하이브리스-네메시스' 결합은 폭발적인 하나의 구조로 전환되어 매우 강력한 심리적 역학을 만들어 내며, 특히 힘없는 약자들의 마음을 뒤흔든다.

현재의 국제 정세를 보면, 정치 지도자가 하이브리스-네메시스 결합을 어떻게 활용하는지 쉽게 파악할 수 있다. 이들은 오만하고 과장된 태도(하이브리스)를 드러내는 동시에, 의로운 심판자(네메시스) 역할을 자처한다. 이러한 전략을 구사하는 정치 지도

자는 일종의 최면 효과를 불러일으키고, 대중은 그 모순적이고 섬뜩한 매력에 빠져든다. 지도자가 다가올 재앙이나 위기로부터 대중을 구해내겠다는 강한 목적의식이나 사명감을 드러낼수록, 대중의 지지는 더욱 강해진다. 지도자의 호기롭고 자신감 넘치는 태도에 이끌린 대중은 그를 자신이 겪은 부당함을 바로잡아 줄 '구세주'로 여기게 된다.

> 정치 지도자들은 오만하고 과장된 태도(하이브리스)를 드러내는 동시에, 의로운 심판자(네메시스) 역할을 자처한다.

구세주 역할을 자처하는 지도자는, 대체로 앞서 설명한 악성 나르시시스트 유형에 가장 부합하는 성격을 갖고 있다. 앞서 언급했듯, 이들은 무엇보다도 자기중심적이고, 급하고 예민하며, 타인의 생각이나 경험을 잘 이해하거나 수용하지 못한다. 악성 나르시시스트는, 보다 온건한 유형의 나르시시스트와 달리, 자신의 이익을 위해 가학적인 행동도 서슴지 않는다. 특히 공감 능력의 결여와 죄책감의 부재는 악성 나르시시스트의 핵심적인 특징이다. 이들은 타인에게 불필요한 해를 가하면서도, 자신이 초래한 피해에 대해서는 거의 혹은 전혀 후회하지 않는다.

앞서 언급했듯, 악성 나르시시즘에는 여러 원인이 있을 수 있지만, 대개는 어린 시절 심각한 트라우마를 겪었거나 정서적으로 방임된 채 성장한 결과 낮은 자존감과 강한 통제 욕구를 지니게 된 사람들에게서 흔히 나타난다. 정서적 방치는 극심한 외로움을 낳고, 삶을 대하는 방식에도 장기적으로 부정적인 영향을 미친다. 그 결과, 오만이 열등감과 무력감을 상쇄하기 위한 보상 행동으로 자리 잡게 되면서, 악성 나르시시스트는 자신의 응징 행동을 정당화한다. 이 유형의 지도자는 과거의 개인적 경험을 바탕으로, 지지자들이 느끼는 무력감을 이해하는 것은 물론 구세주를 향한 그들의 갈망에 어떻게 호소해야 하는지도 잘 알고 있다. 또한, 내재된 나르시시스트 성향 때문에 주저 없이 전지전능한 존재로서의 역할을 자처하며 권력과 통제에 대한 욕망을 채운다.

> 악성 나르시시스트는 타인에게 불필요한 해를 가하면서도, 자신이 초래한 피해에 대해 거의 혹은 전혀 후회하지 않는다.

하이브리스-네메시스형 지도자는 오만과 응징이 함께 추는 죽음의 무도 속으로 사람들을 능숙하게 끌어들인다. 이 유형의 지도자가 권력과 주도권을 행사하는 모습을 본 사람들은 자신의 실존적 불안, 절망, 고독이 통제될 수 있다는 착각에 빠진다. 그 결과, 사람들은 지도자에게 의존하게 된다. 지도자의 논리를 받아들이는 것은 물론, 자기 책임을 기꺼이 내려놓고, 더 이상 스스로 사고하지 않으려 한다. 그러나 이들이 깨닫지 못하는 것은, 지도자가 자신의 실존적 욕구를 충족시키기 위해 대중을 이용하고 있으며, 지도자에 대한 맹목적 충성이 결국 파국을 초래할 수 있다는 사실이다.

> 하이브리스-네메시스형 지도자가 권력과 주도권을 행사하는 모습을 본 사람들은 자신의 실존적 불안, 절망, 고독이 통제될 수 있다는 착각에 빠진다.

하이브리스-네메시스형 지도자와 지지자들 간의 관계는 종종 파우스트적 거래Faustian pact, 즉 악마와의 거래에 비유될 수 있다. 지도자의 강력한 심리적 영향력 때문에, 지지자들은 대의라는 명분 아래 행해지는 지도자의 부적절한 행동조차 정당화하거나 합리화한다. 하이브리스-네메시스형 지도자는 인간 내면에 잠재된 어둡고 퇴행적인 심리 역학을 자극하는 방법을 잘 알고 있으며, 이를 통해 인간 본성의 가장 파괴적인 면모를 끌어낸다. 결국, 이 유형의 지도자와 지지자 사이의 상호작용은 집단적 광기로 변질될 수 있다. 심지어 사회 전체가 현실 검증이 불가능하고 증오가 가득한 가치 체계 속으로 추락하며 붕괴될 수도 있다.

그 끔찍한 사례가 바로 아돌프 히틀러Adolf Hitler의 등장과 몰락이다. 히틀러는 하이브리스-네메시스 전략을 활용하여, 제1차 세계대전 이후 독일 국민이 겪고 있던 고통과 절망의 정서를 정확히 파고들며 자신의 어두운 세계관을 사회 전반에 퍼뜨렸다. 그의 선동에 현혹된 독일 국민은 맹목적으로 그를 따랐고, 그 결과 수천만 명의 희생자를 낳은 제2차 세계대전이 발발했다.

> 하이브리스-네메시스형 지도자는 인간 내면에 잠재된 어둡고 퇴행적인 심리 역학을 자극하는 방법을 잘 알고 있으며, 이를 통해 인간 본성의 가장 파괴적인 면모를 끌어낸다.

권력을 장악하는 과정에서 히틀러는 자신을 구세주로 내세우고, 나치당을 기반으로 군사적 규율과 종교적 상징을 결합하여 광신적인 국가 체제를 구축했다. 히틀러는 물질적 요소와 정신적 요소를 정교하게 결합한 독일 우월주의 담론을 수립하고 비현실적인 자기 확신으로 독일을 이끌어 갔다. 독일 내부와 외부의 위협에 대한 대중의 불안을 자극해 권력 장악을 정당화했고, 숭고한 대의를 위해 자신이 독일의 운명을 통제해야 한다고 주장하며 절대적 충성을 요구했다. 심지어 극악무도한 일을 저지를 때조차 모든 것이 독일을 위한 길이라고 강변했다.

히틀러의 거창한 연설에는 빠짐없이, 외세의 억압으로부터 국가와 민족을 '구원'하겠다는 구세주적 열망이 담겨 있었다. 그는 독일의 '자존심,' '품위,' '명예,' '권위' 같은 상징성 강한 단어들을 반복해서 사용하며 미래의 영광에 대한 자신의 꿈을 선전했고, 동시에 과거 독일이 외세로부터 겪은 굴욕과 상처에 대한 대중의 분노를 자극했다. 특히, 히틀러는 복수심 어린 적개심을 유대인에게 집중시키며, 독일 민족의 발전을 저해한 역사적 책임을 물어 이들을 응징해야 한다고 주장했다.

결국 히틀러는 독일 국민이 겪은 불의를 바로잡고 민족적 염원을 실현한다는 미명 아래, 독일의 도덕적 우월성을 강조하는 서사를 구축하고 극단적인 권력과 폭력의 사용을 정당화했다. 이 서사에는 비굴하게 복종하기보다는 영광스럽게 죽음을 택하겠다는 태도, 그리고 독일의 영광을 실현하기 위해서라면 자신은 물론 타인의 희생도 마다하지 않겠다는 의지가 담겨 있었다.

하이브리스-네메시스 전략의 극단적인 구현 사례로 히틀러가 손꼽히지만, 비슷한 길을 걸은 지도자는 많다. 미국 대통령 도널드 트럼프Donald Trump, 터키 대통령 레제프 타이이프 에르도안Recep Tayyip Erdogan, 헝가리 총리 빅토르 오르반Victor Orbán, 인도 총리 나렌드라 모디Narendra Modi 또한 각기 다른 수준에서 유사한 전략을 구사하고 있다. 그러나 지금 세계에서 벌어지고 있는 일들 가운데 가장 섬뜩한 것은 단연 블라디미르 푸틴이 주도하는 러시아의 현실이다. 모두가 생생히 목격하듯, 러시아는 사실상 전제국가가 되었다고 볼 수 있다.

하이브리스-네메시스형 지도자는, 위협을 조장하고 대립을 부추기는 구도 속에서 자신의 영향력을 키우는 수사법을 사용한다. 이들은 끊임없는 관심을 원한다. 동시에 경쟁자나 적을 적대 세력으로 규정하고, 바로 그 적대 세력이 국가가 직면한 문제의 원인이자 국가의 발전을 저해하는 장애물이라 주장하며 책임을 전가하고 공격할 방법을 찾는다. 말로는 국민의 이익을 최우선에 둔다지만, 일단 절대 권력을 장악하면 기존의 법치 질서와 통치 질서는 순식간에 무너져 내린다. 결국 남는 것은 폭군의 변덕뿐, 무너져 내린 질서 속에서도 하이브리스-네메시스형 지도자는 오직 자기중심적 야망을 끝까지 밀어붙이는 데 집착한다.

> 일단 절대 권력을 장악하면 기존의 법치 질서와 통치 질서는 순식간에 무너져 내린다. 결국 남는 것은 폭군의 변덕뿐, 무너져 내린 질서 속에서도 하이브리스-네메시스형 지도자는 오직 자기중심적 야망을 끝까지 밀어붙이는 데 집착한다.

하이브리스-네메시스형 지도자가 사회에 미치는 파괴력을 고려한다면, 그 출현 징후를 조기에 포착하는 것만큼 중요한 일은 없다. 대중에게는 대단히 매력적이고 카리스마 넘치는 인물로 보일 수 있지만, 이들의 미사여구는 결국 파국이 머지않았음을 알리는 위험 신호이자 사전 경고다. 따라서 이 유형의 지도자를 상대해야 한다면, 미리 그 특징을 파악해 둘 필요가 있다.

그렇다면, 하이브리스-네메시스형 지도자의 출현 징후를 어떻게 미리 포착할 수 있을까? 우선, 이들은 협상 과정에서 요구가 많고 대립적인 태도를 보인다. 또한, 조금이라도 무시를 당했다고 생각하면 거칠게 감정을 폭발시킨다. 반면, 자기 이미지 관리에는 매우 능숙한 경우가 많다.

그러나 하이브리스-네메시스형 지도자의 출현을 알아차리

는 것만큼이나 중요한 일은, 이들이 권력을 잡을 기회를 *사전에 차단*하는 것이다. 하지만 안타깝게도, 이들이 고위직에 오르는 일은 너무도 자주 되풀이되고 있다. 인류의 역사를 돌아보면, 권력을 탐하며 매력을 발산하는 지도자는 끊임없이 등장했고, 그런 이들을 무비판적으로 추종하는 지지자 또한 넘쳐났다. 많은 경우, 대중은 마치 길 잃은 양떼처럼 비판적 사고를 멈춘 채 선동에 쉽게 휘둘리며 지도자를 따랐다.

> 하이브리스-네메시스형 지도자의 출현을 알아보는 것만큼이나 중요한 일은, 이들이 권력을 잡을 기회를 *사전에 차단*하는 것이다.

이러한 유형의 지도자가 오늘날에도 계속해서 등장하는 현실이 다소 절망적이지만, 마하트마 간디 Mahatma Gandhi의 지혜에서 작은 위안을 얻어보자. "진실만이 영원하다. 진실이 아닌 모든 것은 시간의 파도에 휩쓸려 사라질 것이다. 모두가 나를 외면한다고 해도, 나는 오직 진실만을 말할 것이다. 오늘은 내 목소리가 황야에 흩어진다 해도, 그것이 진실의 목소리라면, 다른 목소리가 모두 멎은 뒤 끝내 들릴 것이다."[1] 간디는 이 발언을 통해 비판적 사고가 가진 힘에 대해 역설했다. 하이브리스-네메시스형 지도자가 분열을 조장하고 인간 본성의 어두운 측면을 자극하는 데 능숙하다지만, 간디는 잔혹함에는 친절을, 부패에는 청렴을, 거짓에는 진실을, 이기심에는 관대함을 대응시키는 양극성의 원리를 기억하고 그 균형을 회복해야 한다고 주장했다.

우리의 앞날을 생각하며, 새롭게 등장하는 지도자들의 유형에 주목하다보면, 이 같은 양극성의 충돌이 빚어내는 분열된 현실을 마주하게 된다. 이러한 상황에서 인류의 미래를 위해 어떤 선택을 할지는 우리 각자의 몫이다. *아무것도 하지 않는다는 보기는 우리의 선택지에 없다.* 아무것도 하지 않는다는 결정조차도 하나의 선택이기 때문이다. 영국의 소설가이자 시인인 조지 엘리엇 George Eliot 의 말처럼, "인간의 선택이야말로 성장을 이끄는 가장 강력한 원동력이다."[2]

참고 문헌

1. Mahatma Gandhi (1951). *Basic Education*, p. 89.
2. George Eliot (1876). *Daniel Deronda*. London: William Blackwood and Co., Book VI, Chapter XLII, p. 253.

인용문 출처

- Percy Bysshe Shelley (1818, 11 January). "*Ozymandias.*" *The Examiner*, London.
- Ralph Waldo Emerson (1867). "Nemesis." In *May-Day and Other Pieces*. Boston: Ticknor and Fields.

7장
악성 나르시시스트

오직 타락 속에서 쾌락을 느끼고, 오직 자기만족에
몰두하며, 오직 타인의 고통 속에서 달콤한 행복을
찾는다.

— 오비디우스 Ovid

"브라보!" 샤토 르노(Chateau-Renaud)가 외쳤다.
"순도 높은 이기심을 이렇게 용감하게 설파하시는
분을 처음 뵙습니다. 브라보! 백작님! 정말 훌륭하십
니다!"

— 알렉산드르 뒤마 Alexandre Dumas

"어떤 관계는 깨진 유리 조각과 같아서 다시 맞추려다
다치느니 그냥 내버려두는 것이 낫다."

— 익명

악성 나르시시스트의 사고방식

나르시시스트의 특성을 좀 더 깊이 이해하기 위해, 이 장에서는 반응성 나르시시스트, 그중에서도 특히 파괴적인 유형에 해당하는 악성 나르시시스트에 대해 살펴보고자 한다. 악성 나르시시스트는, 흔히 사람들이 느끼는 양심의 가책은 느끼지 않지만 그렇다고 살인이나 방화처럼 극단적인 범죄까지는 저지르지는 않는 부류다. 연쇄살인범 같은 '중증' 사이코패스와의 구분을 위해 '경증' 사이코패스라 부르기도 한다. 대부분의 야망가가 그렇듯, 악성 나르시시스트 역시 권력이나 지위, 돈이 걸린 자리라면 어디서든 쉽게 찾을 수 있다. 이들은 겉보기에 정상적이고 성공했으며 때때로 매력적으로까지 보인다. 하지만, 자신이 저지른 일로 인해 타인이 느끼는 고통에 공감하지 못하고, 수치심, 죄책감, 후회 같은 감정도 느끼지 못한다. 여기에 복수심까지 더해질 경우, 대인관계에 심각한 문제가 발생할 수 있다. 특히 악성 나르시시스트가 리더라면, 그 피해는 더욱 커질 수 있다.

우리 자신을 위해서라도, 악성 나르시시스트는 최대한 빨리 식별해 애초에 엮이지 않는 편이 낫다. 이들과의 관계에는 언제나 상당한 대가가 따르기 때문이다. 언행이 거슬리는 사람이야 눈에 쉽게 띄지만, 교활하고 계산적인 태도로 교묘히 처신하는 악성 나르시시스트는 좀처럼 겉으로 드러나지 않는다. 이들을 더욱 가려 내기 어려운 이유는, 보통은 정신적 문제의 징후로 여겨지는 특성들이 조직 내에서는 긍정적으로 받아들여질 수 있기 때문이다. 이 현상은 특히, 이미지 관리, 사내에서의 정치력, 권한 행사 능력, 위기 대응 능력, 압박에 굴하지 않는 침착함, 경쟁력, 적극적 자기주장 등을 중요하게 여기는 조직에서 두드러진다. 사실 이런 특성들이 높게 평가되는 분위기에서는, 악성 나르시시스트에게 양심, 그리고 동료와 조직에 대한 충성심이 결여되어 있다는 사실이 간과되기 쉽다. 악성 나르시시스트는 기만적이고 가학적이며 부정한 행동을 통해 개인과 조직에 장기적인 피해를 입힌다. 그럼에도 불구하고, 교묘하게 처신하여 '눈앞에 있으면서도 보이지 않는 존재'가 된다. 다음에서 다룰 인물, 하비에르Xavier가 그 대표적인 사례다.

악성 나르시시스트를 더욱 가려내기 어려운 이유는, 보통은 정신적 문제의 징후로 여겨지는 특성들이 조직 내에서는 긍정적으로 받아들여질 수 있기 때문이다.

악당, 하비에르

하비에르는 로버트 루이스 스티븐슨이 쓴 『지킬 박사와 하이드』의 주인공을 떠올리게 할 만큼이나 이중적인 성격을 지닌 인물이었다. 어떤 순간에는 매우 다정하다가도, 순식간에 제어할 수 없는 분노에 휩싸이는 식이었다. 그의 기분을 거스르는 행동 하나만으로도 누구든 순식간에 찬사의 대상에서 경멸의 대상으로 전락할 수 있었기 때문에, 사람들은 그의 행동을 보며 늘 혼란스러워했다. 하비에르는 자신의 실체를 숨기는 데도 뛰어났다. 그래서 그가 어떤 행동을 한 *이유*나 가면 뒤로 감춘 본모습을 알기 어려웠다. 다만 분명한 것은, 그가 이 심리 게임을 즐기는 것처럼 보였다는 것이다.

겉보기에 하비에르는 성공한 호감형 사업가였다. 하지만 이런 긍정적인 인상은 그리 오래가지 않았다. 사실 하비에르의 방식에 잘 맞춰주기만 한다면 그보다 더 매력적인 사람도 없었다. 하지만, 그렇지 않을 경우, 그의 태도는 단번에 달라졌다. 자신의 매력이 통하지 않는다고 느끼는 순간, 그는 위협적으로 돌변해 어두운 면모를 드러냈다. 누군가 감히 자신에게 반기를 들기라도 하면, 서슴지 않고 가시 돋친 말을 퍼부었다.

게다가 하비에르는 늘 관심의 중심에 있고 싶어 했다. 어떤 주제든 자기가 주인공이었고, 모든 대화는 항상 자기 이야기로 마무리했다. 사람들은 그가 끝없이 칭찬을 원하고 무슨 일을 하든 최고로 인정받아야만 직성이 풀린다는 사실을 금방 알아차렸다. 자신의 말에 관심이 집중되지 않으면 쉽게 싫증을 냈고, 주목을 받기 위해서라면 엉뚱한 행동도 서슴지 않았다. 사실 사람들이 가장 견디기 힘들어했던 것은 무엇이든 자신이 더 잘 안다고 여기는 독선적인 태도였다. 편협함 역시 반감을 사기에 충분했다. 하비에르는 늘 다른 사람의 입장은 전혀 받아들이지 않으면서 자신의 *세계관*을 강요하는 사람이었다. 하비에르를 상대해 본 이들은 일단 마음을 정하면 좀처럼 생각을 바꾸지 않는 그의 고집스러움을 금세 알아차렸다. 그는 자신이 틀릴 수 있다는 생각을 아예 하지 못했다. 그런 생각을 하는 것 자체가 자신을 한없이 초라하게 만드는 모욕이라 여기는 것 같았다. 그래서 하비에르는 기회만 있으면 다른 사람의 마음을 '식민화'하려고 했다. 자신의 생각에 동의할 것을 강요하는 그의 태도에 결국 모두가 지쳐갔다. 따라서 하비에르를 가까이에서 지켜본 이들이 냉소적이고 마키아벨리적인 그의 행동을 두고 쓴소리를 한 이유도 충분히 이해된다. 하비에르가 어떤 행동을 하든, 어김없이 드러나는 것은 그의 끝없는 자기 집착과 강한 특권 의식이었다.

하비에르의 행동은 모순적이었다. 사실, 진짜 모습을 알 수 없었기 때문에 사람들은 그를 쉽게 정의 내리지 못했다. 하비에르의 가면 뒤에는 어떤 모습이 숨겨져 있었을까? *진짜* 하비에르는 어떤 사람이었을까? 겉모습 너머에 과연 실체가 있기는 했을까? 당장의 이익 말고, 그가 중시하는 삶의 원칙은 무엇이었을까?

대화가 사적으로 깊어 지려고 하면, 하비에르는 언제나 피상적인 수준에 머물려는 태도를 보였다. 어떤 상황에서든, 하비에르는 결국 하비에르라는 역할을 연기했다. 진솔한 대화의 기회 앞에서는, 어김없이 선을 긋고 거리를 두었다. 무대 위에 선 배우, 하비에르는 늘 어떤 역할을 연기하며 살아가는 사람처럼 보였다.

> 어떤 상황에서든, 하비에르는 결국 하비에르라는 역할을 연기했다. … 무대 위에 선 배우, 하비에르는 늘 어떤 역할을 연

기하며 살아가는 사람처럼 보였다.

물론, 하비에르가 어떤 사람인지 진짜로 이해하려면, 주변 사람들이 그의 내면 극장 안으로 들어갈 수 있어야 했다. 성격을 제대로 알기 위해서는, 내면 극장에서 사용되는 대본이 무엇인지부터 파악해야 하기 때문이다. 하지만 당시 여건상, 사람들은 겉으로 드러난 모습만으로 그를 이해해야 했다. 만약 누군가 그의 내면에 닿을 수 있었다면, 하비에르 역시 대부분의 나르시시스트처럼 깊은 불안감을 지닌 인물임을 알게 되었을 것이다. 또한 그의 내면에는 부정적인 생각들이 가득하며, 특히 누구에게라도 즉각 반격할 수 있어야 한다는 경계심이 지배적이라는 점도 알게 되었을 것이다. 그의 내면 극장에서 사용되는 대본에 따르면, 세상은 언제나 위험이 가득한 곳이었다. 하비에르는 누구라도 자신을 공격할 수 있다는 공포 속에서 살아갔다. 따라서, 그에게 가장 중요했던 것은 실제로 그런 일이 일어나지 않도록 스스로를 지키는 일이었다. 그래서 어떤 대가를 치르더라도 반드시 이겨야 한다고 믿었고, 이런 태도 때문에 사람들은 그와 거리를 두었다.

하비에르에게 삶은 승자와 패자만이 존재하는 끝없는 전쟁이었다. 이런 인식 속에서 그는 늘 가면을 쓰고 살아갔다. 내면은 불안으로 가득했지만, 그럴수록 강해 보이려 애썼다. 하비에르는 자신의 취약함이 드러날 만한 단서를 *절대* 내보이지 않았다. 늘 자신이 대단히 성공한 사람처럼 보여야 한다는 강박에 시달렸고, 깊은 불안 속에서 끝없이 관심과 칭찬, 인정에 대한 갈망을 키워갔다.

어린 시절부터 하비에르에게는 타인의 관심, 칭찬, 그리고 그가 얼마나 특별한지를 확인해 주는 인정만큼 중요한 것이 없었다. 마치 내면의 공허를 채우기 위해 다른 사람의 도움이 절실한 사람 같았다. 하지만 그렇게 불안을 품고 살아가면서도, 자기 의심의 기색을 드러낸 적이 없었다. 나약한 자신의 본모습을 들키는 것은 그에게 곧 재앙이나 다름없었기 때문이다. 그래서 언제나 반대로 행동했다. 마치 자신이 대단하다는 생각에 중독된 사람처럼, 실제보다 과장되게 자신의 업적을 포장하며 자랑을 늘어놓는 식이었다.

하비에르는 사람들과 깊은 관계를 맺지 못했다. 관심과 인정을 향한 갈망 그리고 끝없는 경쟁심은 그의 마음속에 진정한 우정이 자랄 자리를 내어주지 않았다. 자아가 연약하면 우정도 연약하다. 그런 점에서 하비에르에게 제대로 된 친구가 하나도 없었다는 것은 어쩌면 당연해 보인다. 그는 누군가와 지나치게 가까워지는 것을 두려워했다. 자기 모습 대부분이 호감을 얻으려는 연기에 불과하다는 것이 들통날까 끊임없는 불안에 시달렸다. 강인한 겉모습 뒤로 감춘 유약함마저 들킬지 모른다는 두려움 역시 그를 괴롭혔다. 사람들이 자신의 내면을 꿰뚫어 보고, 자신이 얼마나 불안정하고 초라한지를 알아차리는 일은 상상만으로도 끔찍했다. 만약 사람들이 이런 자신의 실체를 알게 된다면, 틀림없이 자신을 이용하거나 조롱할 것이라고 생각했다. 그래서 거리를 둔 채 강하고 독립적인 사람처럼 연기하는 편이 훨씬 나았다. 강해야 한다는 신념에 사로잡혀 있던 하비에르는 자신의 취약함을 드러내고 진정한 우정을 쌓는 경험을 하지 못했다. 누군가와 가까워지고 진정한 유대감을 쌓는 일은 그에게 위협이나 마찬가지였다. 이런 점에서 하비에르는 심각한 애착 기능 장애attachment dysfunction를 가지고 있었다고 볼 수 있다. 그에게는 타인과 깊은 관계를 맺을 심리적 기반이 없었으며, 사실 그런 관계를 바란 적조차 없었다.

자아가 연약하면 우정도 연약하다.

그 결과, 하비에르는 이미 어린 시절부터 진정한 의미의 감정적 애착이란 어떤 대가를 치르더라도 피해야 하는 것이라는 생각을 갖게 되었다. 삶을 대하는 그의 방식에 따르면, 애착은 오히려 자신의 목표를 복잡하게 만들 뿐이었다. 하비에르에게 애착은 곧 빚을 지는 일이나 다름없었다. 짐작하겠지만, 그가 진정으로 애착을 느낀 대상은 오직 자기 자신뿐이었다. 다른 사람을 상대로 느끼는 친밀감이나 배려심은 절대 용납할 수 없는 감정이었다. 실제로 그의 가족 관계를 보면, 아내들은 성적 대상에 불과했고 아이들 역시 자신의 분신에 지나지 않았다. 가족 중 누구라도, 독립된 인격체로서 각자의 뜻대로 행동하려 하면 하비에르는 격분했다. 그래서, 그는 지독히도 외로운 삶을 살았다.

하비에르의 여리고 불안정한 심리 상태를 생각해 보면, 승자로 보이는 것이 그토록 중요했던 이유를 알 수 있다. 그러나 이 집착으로 인해 그는 과장과 자기 과시의 달인이 되었다. 주목받기 위해서라면 무슨 일이든 가리지 않았고, 사실을 부풀리는 것은 물론 진실을 가볍게 여기기도 했다. 관심을 끌기 위해 그가 사용했던 또 다른 방식은, 자신의 길을 가로막는 사람을 깎아내리는 것이었다. 모욕주기는 그의 단골 무기였다.

늘 우위를 점하고 승자가 되어야 한다는 강박에 사로잡힌 하비에르는 자신의 승리에 방해가 될 사람들에게 선수를 쳤다. 상황이 허락되는 한, 남을 이용하는 일도 서슴지 않았다. 세상을 누구도 믿을 수 없는 약육강식의 세계로 보았기에 자신의 방식이 늘 옳다고 믿었다. 이것이 하비에르가 진정한 친구를 갖지 못했던 또 다른 이유다. 그가 맺은, 이른바 '유사 우정'은 대부분 계산적이고 일시적이었다. 하비에르는 평생 다른 사람을 금전적인 가치로 환산해 승자와 패자로 나눴다. 그의 삶에서 가장 중요한 것은 오직 자신의 이익뿐, 그 외 다른 모든 것은 아무런 의미가 없었다. 그리고 자신의 이익을 실현하려는 그의 목표를 감히 가로막을 수 있는 사람은 아무도 없었다.

  진실을 대하는 하비에르의 무책임한 태도는 사업에서도 고스란히 드러났다. 그는 신뢰할 수 없는 사업가였고, 기회만 생기면 언제든 남을 이용하려 했다. 사람들은 그를 합의된 계약조차 멋대로 뒤엎을 만큼 원칙도 신의도 없는 인물로 평가했다. 파렴치하게도 하비에르는 자기 이익에 부합하면 언제든 '대체 현실'을 만들어냈고, 마음에 들지 않는 사실은 입맛에 맞게 왜곡해 버렸다. 뒤틀린 내면을 가진 하비에르에게 정직함은 기대할 수 없는 자질이었다. 그는 거짓말에 능숙했으며, 거짓말은 그가 살아가는 방식이었다. 다른 사람의 칭찬과 인정에 집착한 나머지, 하비에르는 자신이 특별한 존재로 빛나는 허구의 현실을 만들어냈다. 한계란 없었다. 원칙은 다른 사람에게만 적용되는 것이었기 때문이다. 하비에르는 사람들에게 충격과 혼란을 안겨줄 만큼 과장된 거짓말도 하나의 무기처럼 활용했다. 그리고 놀랍게도, 자신이 지어낸 거짓말을 스스로 믿는 지경에 이르렀다. 그래서 그를 상대하는 사람들은 무엇이 진실이고 거짓인지 전혀 구분할 수 없었다. 물론, 사정을 아는 사람들은 하비에르가 다른 사람들을 속이는 것이 결국 자신을 속이는 행동임을 알고 있었다.

하비에르는 '상황이 어려워지면 책임은 모두가 진다.'라고 말하는 유형의 사업가가 되었다. 물론, 여기서 '모두'란 자신을 제외한 나머지 모두를 의미한다. 일이 잘못되면, 하비에르는 자신에게 쏠리는 시선을 능숙하게 다른 곳으로 돌렸다. 그는 관심을 분산시키거나 실제로 무슨 일이 일어났는지를 교묘하게 왜곡하는 데 능한 달인이었다. 사업상 문제가 생겨도 진짜 원인을 은폐하기 위해 온갖 핑계를 들어 상황을 모면했다. 실패는 언제나 경제 상황, 은행, 경쟁사, 심지어 운 때문이었다. 하비에르에게는 잘못된 일에 대한 책임이 자신에게 있을 수 있다는 개념 자체가 없었다. 일이 뜻대로 풀리지 않을 때면 남을 탓하고, 일이 잘 풀릴 때는 그 공을 제일 먼저 가로챘다. 나르시시스트였던 하비에르에게, 자신이 옳다는 확신만큼 자존감을 드높여 주는 것도 없었다. 물론, 그에게 자신이 옳다는 말은 누군가는 반드시 틀려야 한다는 뜻이었다.

> 나르시시스트였던 하비에르에게, 자신이 옳다는 확신만큼 자존감을 드높여 주는 것도 없었다.

이 같은 결점에도 불구하고, 하비에르는 대담하고 거침없는 자수성가형 사업가라는 이미지를 지키기 위해 온 힘을 다했다. 마치 투사와 같았다. 하비에르는 언쟁 속에서 활력을 느꼈고, 다툼 속에서 살아 있음을 확인했다. 사소한 일에도 시비를 걸고 집요하게 물고 늘어지는 그의 태도는 차라리 생존을 위한 몸부림에 가까웠다. 때때로 일이 너무 순조롭게 흘러가는 날에는 *고의로* 시비를 걸었다. 그는 '나는 생각한다, 고로 존재한다'를 '나는 싸운다, 고로 존재한다'로 받아들였다. 하비에르는 수동을 능동으로 바꾸는 법을 터득한 사람이었다. 상황이 벌어지기를 기다리기보다는, 상황을 스스로 *만들어 냈다*. 그는 평생 자기 보호를 위한 *보복*-자신에게 위협이 될 수 있는 사람을 먼저 공격하는 행위-을 삶의 원칙으로 삼았다. 사업에서도 계약 이행을 요구하는 사람들을 상대로 거듭 소송을 제기했다. 누군가 자신을 공격하면 *반드시* 되갚아 줄 것이라 경고하며 그 복수는 수백 배 더 강력할 것임을 공공연하게 밝히기도 했다.

사람들은 곧, 자신만의 현실 속에서 살고 있는 사람과는 싸워 이기기 어렵다는 사실을 깨달았다. 하비에르는 실패한 사업에 대한 비난을 받을 때면 책임을 회피하고 진짜 피해자는 자신이라고 주장했다. 그가 선호하는 무대인 법정에 서면, 오히려 *자신이* 피해를 준 사람들을 *상대로* 비난을 퍼붓고, 법체계를 무기로 활용했다. 이런 점에서 하비에르는 진실을 안개처럼 뿌옇게 만들고 현실을 재구성하는 정신적 지배의 달인이었다. 피해자가 오히려 자신이 경험한 현실을 의심하게 만들 수 있다는 것은 일종의 가스라이팅이나 다름없었다.

> 자신만의 현실 속에서 사는 사람과는 싸워 이기기 어렵다.

하비에르를 특징짓는 또 하나의 두드러진 특성이자, 그의 성격 가운데 핵심이 되는 또 다른 감정의 축은 바로 분노다. 그의 언행에는 언제나 분노가 스며 있었고, 내면에는 언제라도 폭발할 것 같은 분노의 화산이 들끓고 있었다. 그는 마치 새로운 종류의 격투기라도 발견한 것처럼 분노를 다뤘다. 끊임없이 부글거리는 분노는 그의 다른 행동에도 깊은 영향을 미쳤다. 조금 있는 유머 감각조차도 극도로 공격적인 방식으로 나타나는 식이었다. 하비에르는 유머를 남을 헐뜯는 데 사용했고, 사람들은 그의 유머에 불쾌감을 느꼈다. 한편, 하비에르가 자신이 원하는 것을 얻지 못했을 때 터뜨리는 분노는 실로 위협적이었다.

게다가 하비에르는 세상을 피해망상의 시선으로 바라보았다. 세상 곳곳에 음모가 도사리고 있다고 굳게 믿었고, 당장 의심할 만한 일이 없으면 일부러 그런 상황을 만들어 내기도 했다. 그렇게 스스로 의심의 씨앗을 뿌렸다. 하비에르가 끊임없이 시비를 걸고 도발을 일삼았기 때문에, 그를 해치려는 사람들도 생겨났다. 사업에서 지나치게 공격적인 태도를 보였던 만큼, 누군가 자신을 노리고 있다고 여긴 것도 아주 터무니없는 망상은 아니었다. 하비에르는 '경계하는 자만이 살아남는다'라는 말을 진심으로 내면화한 인물이었다. 이 같은 피해망상적 세계관 속에서 하비에르는 사람들을 자신에게 동조하는 세력과 그렇지 않은 세력으로 구분했다. 무엇보다, 편 가르기의 고수로서, 조직 안팎에서 갈등을 일으키는 방법도 잘 알고 있었다. 그에게 중립이라는 개념은 존재하지 않았다.

피해망상적 세계관에 갇힌 하비에르는 자신을 가장 가까이에서 돕는 사람들조차 얼마든지 자신을 음해할 수 있다고 믿었다. 이러한 불신 때문에 함께 일하던 이들이 그를 떠났다. 그의 의심은 때로 도를 넘었으며, 세상을 '우리' 대 '남'으로 가르는 성향은 어디에서나 상상의 적을 키웠다. 결국 하비에르는 자신이 내면 깊이 두려워하는 것들을 다른 이들에게 투사했다. 자신이 책임져야 할 일조차 남을 탓하며 회피했고, 그를 가까이에서 지켜본 이들은 어떤 실패 앞에서도 그가 결코 자신의 책임을 인정하지 않을 것임을 깨달았다.

하비에르와 함께 일하는 사람들은 그의 비위를 맞추려면 그가 최고라는 말을 무한히 반복해야 한다는 것을 깨닫기 시작했다. 그와 일하려면 아첨꾼이 될 수밖에 없었다. 그가 듣고 싶어 하는 말을 반복해야 했으며, 거의 숭배에 가까운 찬사여야 겨우 환심을 살 수 있었다. 반대로, 그가 얼마나 대단한지를 충분히 인정하지 않으면 심각한 불이익이 뒤따랐다. 선택의 여지가 없는 상황에서 직원들은 그의 비위를 맞추기 위해 이 기이한 관계의 역학에 맞춰 지내야 했다. 하지만 뒤에서는 하비에르를 나잇값 못 하는 철없는 아이라며 수군덕거렸다. 실제로 하비에르는 '적정량'의 찬사를 받지 못하면 어린아이처럼 떼를 썼다. 자신이 원하는 만큼 칭찬이 채워지지 않으면 금세 침울해져 신경질적으로 반응하는 식이었다. 그 결과, 하비에르 주변에는 일종의 장벽이 만들어졌다. 그와 함께 일하는 사람들은 나쁜 뉴스나 부정적인 피드백, 또는 비판이 그에게 전달되지 않도록 주의했다. 그리고 이러한 환경은 리더에게 요구되는 판단력을 점차 마비시키는 결과로 이어졌다.

하비에르에게 장점이 전혀 없었던 것은 아니다. 그는 뛰어난 협상가였다. 필요할 때는 지독하리만큼 끈질겼고, 강단 있는 태도는 거래 과정에서 진가를 발휘했다. 어려워도 끝까지 버텼으며, 먼저 물러서지 않았다. 그는 상대를 지치게 만드는 방법을 잘 알고 있었다. 한편, 터무니없는 요구로 상대를 혼란스럽게 만드는 기술도 탁월했다. 삶을 '상대가 져야 내가 이기는 제로섬 게임'이라고 생각했던 하비에르는 상대를 꺾어야만 거래가 성사될 수 있다고 믿었다. 양보란 그에게 존재하지 않는 개념이었다. 기회만 생기면, 사소한 문제 하나까지도 끝까지 흥정했다. 거짓말의 달인답게, 원하는 것을 얻지 못했을 때조차 모두 자기 뜻대로 이루어진 것처럼 행동했다. 안타깝게도, 하비에르는 '소탐대실' 이라는 개념을 끝내 떠올리지 못했다. 많은 경우 자신이 이긴 듯 포장했지만, 실상은 편협한 시각을 고집한 결과 일을 그르치기

일쑤였다. 그와 거래했던 사람들 대부분은 두 번 다시 그와 엮이고 싶어 하지 않았다. 그럼에도 하비에르는 자신의 협상 방식에 문제가 있다는 사실을 깨닫지 못했다.

요컨대, 하비에르는 무언가를 얻어내야 할 때만 친근한 척 다가올 뿐, 실제로는 함께 있기 몹시 불편한 존재였다. 그에게는 과장된 자의식, 찬사에 대한 끝없는 갈망, 비판에 대한 과민 반응, 얕은 정서적 유대감, 공감 능력의 결여, 타인을 이용하는 행동, 냉담함과 무자비함, 융통성 없는 사고방식, 양심의 부재, 그리고 피해망상적 세계관과 같은 특징이 모두 뚜렷하게 드러났다. 그가 살아온 길에는 실패한 사업, 기만당한 고객, 절연한 친구, 소원한 가족, 파탄 난 결혼 생활만이 남았다. 하비에르는 일이 잘못되면-그런 경우가 잦았는데-약속을 지키지 않는 것으로도 악명이 높았다. 하지만 그는 전혀 개의치 않았다. 양심의 가책이란 그에게 아예 존재하지 않는 감정이었다. 그의 사이코패스적인 성향이 여실히 드러나는 대목이다. 하지만 하비에르는 자신의 실패를 남에게 떠넘기는 방법을 잘 알고 있는 연출의 대가였다. 하비에르는 성공한 척하는 실패한 사업가였지만, 실패도 성공으로 포장할 줄 알았다. 하비에르가 문제 상황을 어떻게 합리화했는지를 보면, 어떤 경우에도 자신이 승자로 남아야 한다는 강박을 지니고 있었음을 알 수 있다. 자신의 주장과는 달리, 그는 사기꾼에 가까웠다. 거짓말에 능해, 자신을 실제와는 전혀 다른 인물처럼 꾸미고 사람들을 쉽게 속였다. 하비에르는 자신의 결점을 감추기 위해 거짓말에 거짓말을 덧붙였고, 결국에는 자신이 만든 망상의 바다에 빠져 허우적거리는 지경에 이르렀다. 하비에르의 이런 행태를 고려하면 대부분의 사람이 그를 매우 부정적인 시선으로 바라본 것도 어쩌면 당연했다. 사람들은 그와 함께 있을 때 불편함을 느꼈고, 비윤리적이고 비도덕적인 행동이 반복되자, 결국 그를 원칙 없는 사람이라 평가하기 시작했다.

> 하비에르는 자신의 결점을 감추기 위해 거짓말에 거짓말을 덧붙였고, 결국에는 자신이 만든 망상의 바다에 빠져 허우적거리는 지경에 이르렀다.

악의 정수精髓

이제 하비에르에 대해 충분히 알게 되었으니, 악성 나르시시즘에 대해 좀 더 깊이 들여다보자. 악성 나르시시즘은 사회심리학자 에리히 프롬Erich Fromm이 1964년 처음 사용한 용어다. 그는 이를 '악의 정수'를 보여주는 '심각한 정신 질환'으로 정의하고, '가장 심각한 병리적 상태이자, 가장 악랄한 비인간성과 파괴성의 근원'이라고 설명했다.[1] 이 정의에 기반해 여러 학자는 공격성과 파괴적 성향을 중심으로 거대 자기 감각(grandiosity, 역자 주: 자신을 과도하게 위대하다고 믿는 심리 상태)을 형성한 극단적 형태의 자기애성 인격장애를 악성 나르시시즘으로 규정했다. 모든 나르시시스트가 자기중심적이기는 하지만, 악성 나르시시스트는 그중에서도 가장 극단적이다. 이들은 병적인 수준의 거대 자기 감각을 갖고 있으며, 자신을 지나치게 중요하게 여기고 주목과 찬사를 갈망한다. 자신이 특별한 존재라고 믿고, 타인 역시 이를 인정해야 한다고 생각한다. 무엇보다, 악성 나르시시스트는 가학적일 뿐 아니라 양심의 가책을 느끼지 않는다는 점에 주목할 필요가 있다.

가학성 측면에서 볼 때, 악성 나르시시스트는 극도로 위험한 형태의 자기애성 인격장애를 지닌 존재로 인식되어야 한다. 이들의 인격 구조에는 자아 동조적인 공격성(ego-syntonic aggression, 역자 주: 자기 신념과 일치해 정당하다고 느끼는 죄책감 없는 공격성)뿐 아니라 반사회적 성향과 피해망상적인 특성이 포함되어 있다. 이밖에도 반드시 언급해야 할 특징으로는 양심의 결여,

공감 능력의 부족, 권력에 대한 욕구, 그리고 거대 자기 감각이 있다.

하비에르의 사례에서 보았듯, 악성 나르시시스트는 타인을 능숙하게 조종한다. 자신에게 이득이 되는 방향으로 상대를 이용하며, 이 과정에서 상대의 안위에는 거의 관심을 두지 않는다. 이들은 주목과 칭찬에 대한 강한 욕구를 지녔으며, 자신이 특별한 존재라고 굳게 믿고 타인도 그 특별함을 인정하길 바란다. 또한 세상은 언제나 자기를 중심으로 돌아간다. 그러나 가장 주목해야 할 점은 이들이 가학적인 성향을 지니고 있으며 양심의 가책을 느끼지 않는 사실이다. 그렇다고 고통을 가하는 행위 자체에서 큰 쾌감을 느끼는 것은 아니지만 상대를 지배하고 있다는 데서 만족감을 느끼며, 자신의 행위로 고통받는 타인에 대해서는 무감각하다.

> 악성 나르시시스트는 자신에게 이득이 되는 방향으로 상대를 이용하며, 이 과정에서 상대의 안위에는 거의 관심을 두지 않는다.

악성 나르시시스트는 주로 모욕감을 느끼거나 자신의 우월감이 위협받았다고 느낄 때, 때때로 공격성, 분노, 적대감을 드러낸다. 또한 가학적 성향 탓에, 타인에게 정서적 혹은 신체적 고통을 주는 데서 쾌감을 느끼는 부류도 있다. 더구나 하비에르 사례에서도 보았듯, 이들에게는 피해망상적 성향이 있다. 타인의 의도를 지나치게 의심하고, 실제로 존재하지 않는 음모나 모함을 믿기도 한다. 또한 거짓말, 속임수, 심지어 범죄 행위에 이르는 반사회적 행동도 서슴지 않는다. 악성 나르시시스트의 또 다른 특성은 강한 복수심이다. 악성 나르시시스트는 어떤 행동을 하든 양심의 가책을 느끼거나 반성하지 않으며, 자신이 끼친 피해에 대해서도 책임지려 하지 않는다. 끝으로 이들은, 하비에르가 그랬듯, 극단적인 나르시시즘과 파괴적 행동 때문에 정상적인 인간관계를 유지하지 못한다.

악성 나르시시즘은 현재 정신의학계가 진단에 활용하는 표준 기준 『정신 질환 진단 및 통계 편람 Diagnostic and Statistical manual of Mental Disorder, DSM-5』에 등재된 공식 진단명은 아니지만, 극단적이고 해로운 나르시시즘 성향을 지닌 사람들을 설명하기 위해 임상 현장과 대중 담론에서 널리 사용하는 용어다.[2] 정신분석학자 오토 컨버그 Otto Kernberg가 악성 나르시시즘을 정식 정신 질환 진단명으로 채택할 것을 제안한 바 있으나, 현재까지 공식 진단명으로 분류되지는 않았다.³ 그러나 악성 나르시시스트의 행동 특성상, 실제로는 악성 *나르시시즘*이 *사이코패스*라는 용어와 혼용되는 경우가 많다. 따라서 악성 나르시시즘은 나르시시즘의 강도를 연속적인 범위로 이해하는 하나의 스펙트럼에서 이해되어야 한다. 이 스펙트럼의 상위에는 악성 나르시시즘이, 하위에는 자기애성 인격장애가 위치한다. 자기애성 인격장애가 있는 사람도 이기적 욕구를 채우는 과정에서 의도적으로 타인에게 해를 끼칠 수 있지만, 악성 나르시시스트와는 달리 자신의 행동에 대해 후회하거나 반성할 줄 안다. 반면, 악성 나르시시스트는 자기애성 인격장애만 있는 사람들에 비해 공감 능력이 현저하게 떨어진다. 하비에르가 그랬듯, 이들은 자신이 초래한 피해에 대해 죄책감을 느끼거나 반성하지 않으며, 오히려 타인에게 불필요한 정신적·육체적 고통을 가하는 데서 쾌락을 느끼기도 한다. 끊임없이 인정받고자 하는 이들의 욕구는 주변 사람들에게 심리적 피로감을 안긴다. 이들은 또한 내면의 공허함과 상상 속에서 만들어 낸 피해의식을 방어하기 위해 지속적으로 자기 과시적인 태도를 보인다. 게다가 타인을 속이려다, 결국에는 자신마저 속이고 만다. 이러한 자기기만적 태도는 어린 시절 겪은 부당한 대우 때문에 형성된 심각한 애착 장애에서 비롯되었을 가능성이 크다. 악성 나르시시스트는 일종의 자아실현을 추구하지만, 진정한 자아실현이란 타인과의 연결과 공감을 통해 이루어진다는 사실을 이해하지 못한다.

> 악성 나르시시스트는 일종의 자아실현을 추구하지만, 진정한 자아실현이란 타인과의 연결과 공감을 통해 이루어진다는 사실을 이해하지 못한다.

악성 나르시시스트의 행동은 타인이 자신의 욕구를 채워주지 못한다는 어린 시절의 경험에서 비롯된 자기중심적 회귀 반응이다. 악성 나르시시스트는 타인을 신뢰하지 못하며, 결국 의지할 대상은 자기 자신뿐이라고 여긴다. 그 결과 타인을 받아줄 마음속 빈자리는 거의 남아 있지 않다. 이들은 일반적인 나르시시스트가 그렇듯 자기감 조절이 미숙한 탓에 내면이 취약하다. 또한, 피상적인 허구의 자아상을 과시하는 데 집착하며 관심에 중독된 채 정서적으로 불안정한 삶을 살아갈 뿐 아니라, 외부로부터의 인정과 찬사가 없이는 자신의 가치를 느끼지 못하고 불안해한다. 대부분의 경우, 나르시시스트 성향은 이처럼 깊은 불안을 감추거나 방어하고 부정하기 위한 수단으로서 발현된다고 할 수 있다. 이들에게는 어떤 좋은 말도 절대 충분하지 않으며 칭찬은 끊임없이 반복되어야 한다. 성공은 자기 덕, 실패는 남의 탓으로 돌리는 태도는 단지 이들의 기분을 잠시 끌어올릴 뿐이다.

악성 나르시시스트는 상처받은 채 자신이 위대하다는 망상 속에 갇혀 살아가는 존재다. 악성 나르시시스트와 가까이 지낸 사람들은 이들이 결코 만족을 모른다는 사실은 알지만, 정작 자기애와 자기기만이 이들의 생존 전략이라는 점은 인식하지 못한다. 악성 나르시시스트는 자기감을 형성하기 위해 지속적으로 타인의 평가에 의존하며, 자신과 타인의 지위와 부, 나아가 삶 전반을 끊임없이 비교하며 자존감을 확인한다.

나르시시스트는 과거의 상처를 다루기 위해 자신에게 결함이 없다고 굳게 믿으며, 갈등의 원인을 항상 외부로 돌린다. 사실 이들과 지내는 일은 마치 살얼음판 위를 걷는 것과 같다. 자신의 실체가 들통날 수 있다는 불안 때문에 허세에 찬 겉모습을 유지하려는 이들의 욕망은 더욱 강해질 뿐이다. 그러나 거짓된 모습은 언제든 무너질 수 있다. 그러므로, 나르시시스트, 특히 악성 나르시시스트를 상대한다는 것은 결코 쉬운 일이 아니다.

하비에르와 같은 사람들은 자신을 돌아보며 성찰할 가능성이 거의 없다. 타인과 조화롭게 어울리지 못하는 근본 원인이 자신에게 있음에도 불구하고, 자신의 내면 극장에서 반복되는 대본을 좀처럼 직면하려 하지 않기 때문이다. 이들은 자신의 내면을 깊이 들여다보고 싶어 하지 않는다. '너 자신을 알라'는 격언은 결코 악성 나르시시스트의 신조가 될 수 없다. 두려움 때문에, 이들은 스스로를 들여다보고 자신이 어떤 사람인지 진정으로 알아보려 하지 않는다. 오히려 심리적 성찰은 약자들이나 하는 일이라며 비아냥거릴 수도 있다. 악성 나르시시스트의 성향을 고려할 때, 이들에게 이성적이거나 인간적이며 타인에게 공감하는 태도를 기대하는 것은 거의 불가능하다. 설령 그런 모습이 나타난다 해도, 대부분은 어떤 이득을 노린 계산된 행동일 뿐, 순수한 의도에서 비롯된 것이라 보기 어렵다.

> '너 자신을 알라'라는 격언은 결코 악성 나르시시스트의 신조가 될 수 없다.

무엇보다, 악성 나르시시스트는 자신의 행동에 책임지려 하지 않는다. 그러므로 이들과는 적절한 거리를 두는 것이 바람직하다. 자신이 저지른 잘못에 대해 상대가 화를 낼 경우, 이들은 오히려 그 상황 자체를 문제 삼아 상대가 죄책감을 느끼게 만든다. 이들 곁에 머무는 사람은 정서적으로, 정신적으로, 영적으로, 심지어 경제적으로도 피폐해질 수 있다. 악성 나르시시스트는 무슨 일이 벌어지든 책임을 회피한다. 감정의 깊이가 얕은 탓에, 타인에게 본질적으로 공감하거나 연민을 느끼지도 못한다. 그래서 이들과 함께 지내는 일은 대단히 위험하고 파괴적일 수 있다. 악성 나르시시스트는 직접 보고 들으면서도 마치 벽돌로 쌓아 올린 벽에 가로막힌 사람처럼 다른 사람을 이해하지 못하고 감정적으로도 연결되지 못한다. 또한 이들은 자신과 가까이 지내는 사람들의 의지를 꺾어 버리기도 한다. 악성 나르시시스트의 기만적인 매력에 사로잡힌 사람들은, 결국 경계를 설정하는 법, 자존감을 지키는 법, 회복탄력성을 기르는 법 같은 생존 기술을 익혀 이를 실제 삶에 적용해야 할 상황을 맞게 된다.

악성 나르시시스트는 내면을 들여다보는 과정에서, 자신의 실체가 허구에 불과하다는 점, 공격적이고 자신만만한 태도 뒤에는 드러낼 만한 것이 거의 없다는 사실, 그리고 커져만 가는 오만은 불안을 감추기 위한 방어막에 불과하다는 진실이 드러날까 두려워한다. 그래서 진짜 내면을 외면한 채, 화려하게 포장된 자기 이미지에만 집착한다. 이들에게 중요한 것은 자신의 실체가 아니라 오직 이미지 그 자체다. 이들은 자신의 능력과 성취를 과장함으로써, 진정한 자아와 거리를 둔 채 살아간다. 사실상 이들의 내면에 진짜 자아가 설 자리가 없다고 봐도 무방할 정도다. 악성 나르시시스트는 결함이 있는 자아에 대한 방어 반응으로 자신의 불안을 타인에게 '투사'하는 경향도 보인다. 내면 깊이 두려워하는 것들을 남에게 덧씌워 비난하는 방식이다. 이처럼 터무니없는 행동은 내면의 공허함을 채우기 위한 조급한 몸부림일 뿐이다. 악성 나르시시스트에게는 부정적인 관심조차 관심이다. 무시를 더 심한 고통으로 여기기 때문이다. 그래서 소외감을 느끼는 순간, 관심을 끌기 위해 무리한 말이나 행동도 서슴지 않는다.

> 악성 나르시시스트는 진짜 내면을 외면한 채, 화려하게 포장된 자기 이미지에만 집착한다. 이들에게 중요한 것은 자신의 실체가 아니라 오직 이미지 그 자체다.

실제로 이 세상의 하비에르들은, 정신 생물학적 욕구와 어린 시절 양육자로부터 받은 부적절한 돌봄 사이의 불균형으로 인해 어려움을 겪고 있다. 어린 시절 충분한 관심을 받지 못한 탓에 타인의 관심을 강하게 갈망하게 되었고, 자아는 미완의 상태로 남겨졌다. 자신이 부족하다는 인식이 지배하는 이러한 내적 공허함은 끊임없이 무언가로 채워져야 한다. 이토록 불안정하고 외부의 지지를 지속적으로 필요로 하는 불완전한 자아상을 지닌 이들에게, 자아실현이 자기 집착으로 변질된 현상이 나타나는 것은 그리 놀랍지 않다. 이 과정에서, 타인은 고유한 존재로서의 가치를 잃고, 이들의 욕구와 욕망을 충족시키기 위한 수단으로 전락한다. 타인을 독립된 주체가 아니라 자기 자신의 확장된 자아로 인식하게 되는 것이다. 악성 나르시시스트가 마키아벨리적 수단을 총동원해 리더가 될 경우, 그 끝은 가히 파국적이라 할 수 있다. 이들은 다른 사람의 삶을 은밀히 무너뜨리는 방식으로 *피해자*로 하여금 오히려 자신이 가해자를 실망시켰다는 왜곡된 죄책감을 느끼게 만든다. 앞서 언급했듯, 악성 나르시시스트가 원하는 것을 얻지 못했을 때 드러내는 분노는 실로 끔찍하다. 어떤 면에서 이들의 행동은 리더십의 본질과는 정반대라고도 할 수 있다. 리더십이란 본디 타인을 섬기는 행위이기 때문이다. 이들은 결코 희망의 전도사가 아니다. 오히려 절망의 전도사라는 표현이 훨씬 더 정확할 것이다. 철학자 아르투어 쇼펜하우어 Arthur Schopenhauer는 "자존심이나 허영심이 커질수록, 복수에 대한 욕망도 함께 커진다."라고 말했다.[4] 한마디로, 악성 나르시시스트와는 거리를 두는 것이 최선이다.

악성 나르시시스트가 마키아벨리적 수단을 총동원해 리더가 될 경우, 그 끝은 가히 파국적이라 할 수 있다.

참고 문헌

1. Erich Fromm (1964). *The Heart of Man: Its Genius for Good and Evil*. New York: Lantern Books.

2. American Psychiatric Association (2022). *The Diagnostic and Statistical Manual of Mental Disorders*, 5th edition, *text revision (DSM-5-TR)*. Washington, DC: APA.

3. Otto F. Kernberg (1993). *Severe Personality Disorders: Psychotherapeutic Strategies*. New Haven, CT: Yale University Press.

4. Arthur Schopenhauer (1915/1851). Psychological Revelations. In *Religion: A Dialogue and Other Essays*. Transl. T. Bailey Saunders. London: G. Allen & Unwin.

인용문 출처

- Ovid (1929/2 AD). *The Art of Love [Ars Amatoria], and Other Poems*. With an English Translation by J.H. Mozley Sometime Scholar of King's College, Cambridge, Lecturer in Classics, University of London. London: William Heinemann Ltd.

- Alexandre Dumas (1848/1844–1846). *The Count of Monte Cristo*. London: Simms and McIntyre, Chapter 40.

8장

나르시시스트와의 한판 승부

나처럼, 인간의 마음 속에 반쯤 길들여진 채로
서식하는 사악한 악마들을 불러내 싸우려는
자는, 상처를 감수해야만 그곳을 빠져나올 수
있다는 사실을 알고 있어야 한다.

―지그문트 프로이트 Sigmund Freud

혼돈도 아니고,
어둠의 지옥 에레보스 Erebus의 밑바닥 아니며,
꿈이라는 무의식의 힘으로 파낸 막연한 공허함도
아니다.
우리의 마음, 인간의 정신을 들여다볼 때,
엄습하는 두려움과 경외만큼 강렬한 것은 없다.

―윌리엄 워즈워스 William Wordsworth

앞서 나르시시스트의 행동이 개선될 가능성에 대해 간략히 언급한 바 있으나, 지금부터는 구체적인 사례를 통해 이 주제를 좀 더 면밀히 살펴보려고 한다. 본격적인 논의에 앞서, 나르시시스트의 행동을 변화시키기가 매우 어렵다는 점을 분명히 짚고 넘어갈 필요가 있다. 사실 어떤 변화든, 당사자가 그 필요성을 깨닫지 못하면 원하는 변화를 기대하기 어렵다. 더구나 나르시시스트는 지나치게 자기중심적이기 때문에 자신의 행동에서 개선이 필요한 부분을 인식하지 못할 가능성이 매우 높다. 만약 나르시시스트가 변화를 원한다면, 무엇보다 자기 행동을 고치겠다는 각오와 타인의 도움을 받아들이겠다는 의지가 있어야 한다.

물론, 악성 나르시시스트보다 '경증' 나르시시스트를 다루는 일이 훨씬 수월하다. 나르시시즘과 반사회적 성향이 혼합된 유형에 해당하는 악성 나르시시스트의 경우, 개입(intervention 역자 주: 문제 행동이나 심리적 어려움을 다루기 위해 시행되는 상담적 접근)의 실패 가능성이 높아진다. 악성 나르시시스트는 자신이 잘못할 수 있다는 생각 자체를 하지 않는다. 이는 인지적 한계 때문이거나 공감에 필요한 신경 회로 자체에 생긴 문제 때문일 수 있다. 설령 타의에 의해 치료가 시작된다고 하더라도, 도움을 주려고 나선 전문가마저 자기 방식대로 조종하려 들 가능성이 크다.

> 어떤 변화든, 그 필요성을 깨닫지 못하면 원하는 변화를 기대하기 어렵다.

조직을 위협하는 나르시시스트

인사 전략 컨설팅 업체의 공동 경영자인 피터 Peter는 오랜 고객인 앤드루 Andrew로부터 자신이 이사회 의장직을 맡고 있는 한 회사의 CEO를 코칭해 달라는 요청을 받았다. 앤드루는 최근 한 모임에서 그 회사의 핵심 임원인 존 John과 나눈 대화를 언급하며, 그가 심한 스트레스 때문에 회사를 그만둘 생각을 하고 있다고 전했다.

존은 입사 초기, 자신이 속한 조직이 긍정적인 자극을 주는 환경이라고 느꼈고, 특히 CEO 데니스 Denis와 함께 일하는 것을 유익한 배움의 기회로 여겼다. 하지만 한때 신뢰가 깊었던 이들의 관계에 점차 균열이 생기기 시작했다. 처음에는 데니스와 회사의 발전 방향성을 두고도 깊이 있는 대화를 나눌 수 있었으나, 지금의 데니스는 일방적으로 지시만 내리는 사람으로 변해 있었다. 데니스와의 관계에 있어, 다른 임원들의 상황도 크게 다르지 않았다. 모두 데니스가 늘어놓는 길고 장황한 훈계를 듣고 있어야만 했고, 점점 상호 간의 소통은 이뤄지지 않았다. 데니스와의 업무는 마치 살얼음판을 걷는 듯 아슬아슬했으며, 근무 환경은 그렇게 점점 악화되었다. 물론 데니스가 업계의 미래에 대해 내놓은 의견 중에는 뛰어난 통찰이 담긴 내용이 여전히 많았지만, 판단력이 의심스러워지는 순간도 적지 않게 늘어갔다. 존은 데니스의 행동이 당장 회사의 미래를 위협하지는 않지만, 자신의 정신 건강만큼은 위협하고 있다는 생각에 결국 퇴사를 결심했다.

> 설령 타의에 의해 치료가 시작된다고 하더라도, 악성 나르시시스트들은 도움을 주려고 나선 전문가마저 자기 방식대로 조종하려 들 가능성이 크다.

존과 대화를 하고 나서 깊이 고민하던 앤드루는 피터에게 조언을 구했다. 이사회 의장으로서, 자신이 나설 만한 일이나 반드시 해야 할 일이 있지는 않은지 상의하고 싶었기 때문이다. 앤드루는 데니스와 항상 좋은 관계를 유지해 왔고, 그를 매우 유능한 CEO로 평가하고 있었다. 그렇다고 존의 말이 전혀 뜻밖인 것은 아니었다. 앤드루는 여러 기업에서 비상임 이사로 활동하며 CEO의 행동이 우려스러울 정도로 달라진 사례를 여러 차례 목격한 바 있기 때문이다. CEO 자리에 올라 권력을 쥔 뒤 돌변하는 경우들이었다. 그중에는, 자신이 듣고 싶어 하는 말만 들리는 메아리 방echo chamber에 갇혀 살아가는 이들도 있었다. 만약 데니스가 나르시시즘이 폭주하는 상태에 접어든 것이라면, 이를 바로잡을 방법이 있다면, 피터는 데니스를 맡으려 할까? 앤드루가 데니스에게 스트레스가 많은 자리에 있는 만큼 전문가와 만나 생각과 고민을 나누는 것이 도움이 될 수 있다고 제안하자, 놀랍게도 그는 흔쾌히 그 제안을 수락했다. 어쩌면 데니스는 전문가를 곁에 두는 것 자체를 자신이 특별한 위치에 있음을 드러내는 상징처럼 여겼을지도 모른다. 이유가 어떻든 데니스가 수용 의사를 밝히자, 앤드루는 곧장 피터의 이름을 그에게 전달했다.

피터는 나르시시스트 행동 양상을 보이는 임원들을 다룬 경험이 풍부했다. 그는 나르시시즘이 적절한 수준에서 발현될 때는 성공을 이끄는 동기와 추진력, 집중력을 촉진하지만, 그 한계를 넘어서면 역효과가 난다는 사실을 잘 알고 있었다. 크고 작은 시행착오를 겪으며, 대부분의 나르시시스트가 결국 자기 자신에게만 관심을 가진다는 점을 깨달았고, 적절한 나르시시즘은 성공에 도움이 될 수 있으나 과도하면 곧 문제가 발생한다는 점도 분명히 인식하고 있었다. 자기 생각과 감정을 중심에 두고 세상을 보는 자기중심성 self-centeredness과 자신이 특별하고 중요하다고 느끼는 자기 중요감 self-importance이 일정 수준을 넘어서면 극도로 해로운 조합으로 변질될 수 있었다.

원하는 걸 얻기 위해 나르시시스트만큼 다정하고 매력적인 사람도 없다.

앞서 언급했듯, 나르시시스트는 공감 능력 부족으로 타인의 욕구와 감정을 제대로 인식하지 못한다. 또한 강한 특권 의식을 지니고 있어 규칙은 자신이 아닌 타인에게 적용되는 것이라고 여긴다. 타인을 착취하려는 성향이 있으며, 자기 이익을 위해서라면 아무렇지 않게 남을 이용하기도 한다. 그리고 내면 깊이 자리한 불안감 때문에 다른 사람을 통제하고 조종하며 지배하려는 경향을 보인다.

원하는 것을 얻기 위해 나르시시스트만큼 다정하고 매력적인 사람도 없다. 그러나 자기 뜻대로 되지 않으면, 그 태도는 금세 협박으로 변한다. 하지만 이런 행동 대부분은 고도의 연기에 불과하다. 나르시시스트는 내면의 취약함을 감추기 위해 남들보다 우위에 서려고 엄청난 에너지를 쏟아붓는다. 그리고 불안정한 자기감을 보완하기 위해 끊임없이 자기 자신, 특히 자신의 소유물과 사회적 지위, 그리고 자신이 누리고 있는 삶에 관해 이야기한다.

> 나르시시스트는 내면의 취약함을 감추기 위해 남들보다 우위에 서려고 엄청난 에너지를 쏟아붓는다.

성장 발달의 측면에서 볼 때, 나르시시즘 성향은 보통 청소년기에 나타난다. 이는 대부분 부모의 과소 자극, 과잉 자극, 혹은 일관성 없는 양육 방식이 자녀의 성장 과정에 결정적인 영향을 미친 결과다. 따라서 나르시시즘은 여러 측면에서 인생 초반에 겪은 힘들었던 경험에 대한 심리적 반응으로 해석할 수 있다.

험한 길을 택하다

피터는 나르시시즘에 관한 이 같은 정보들을 이미 잘 알고 있었으며, 자기 행동이 타인에게 미치는 영향을 자각하지 못하는 사람을 변화시키는 일이 얼마나 어려운지도 경험을 통해 숙지하고 있었다. 나르시시스트를 '고치려는' 시도는 종종 시간과 에너지 낭비로 끝나곤 했다. 그들의 성향 자체가 변화를 가로막는 장애물이었기 때문이다. 나르시시스트는 피드백이 필요한 사람은 자신이 아닌 다른 사람들이라 생각했고, 자신에게는 전혀 불만이 없었다. 하지만 피터는 단지 잘못을 지적하는 것만으로도 나르시시스트의 민낯을 가리고 있는 친절과 매력이라는 가식을 단숨에 무너뜨릴 수 있다는 점을 분명히 알고 있었다.

그럼에도 불구하고, 이사회에는 CEO의 행동을 감시하고 지도하며, 필요할 경우 해임할 책무가 있었다. 만약 앤드루의 말이 사실이라면, 데니스의 행동을 개선하기 위한 어떤 조치가 필요했다. 다행히 데니스가 가진 장점도 많았기 때문에, 더 나은 리더로 성장할 수 있도록 돕는 일은 충분한 가치가 있어 보였다. 어찌 알겠는가? 데니스가 이미 자신의 문제 행동을 고칠 마음의 준비를 끝낸 상태일지도 모를 일이었다.

잘못을 지적하는 것만으로도, 나르시시스트의 민낯을 가리고 있는 친절과 매력이라는 가식을 단숨에 무너뜨릴 수 있다.

첫 만남은 꽤 순조롭게 진행되었다. 피터는 데니스의 자기중심적 성향을 확인했고, 그의 행동에 상당한 변화가 필요하다고 판단했다. 데니스의 내면 극장에서 반복되고 있는 대본에도 전면적인 수정이 필요해 보였다. 관건은, 어떻게 변화를 이끌어 낼 것인가였다. 피터가 어떻게 해야 데니스가 상황의 심각성을 자각할 수 있을까?

피터는 데니스와의 대화를 나누는 과정에서 회사가 당장의 위기에 처한 것은 아니지만 혁신에 대한 의지 없이 마치 '자동 조종 장치'에 의해 운영되고 있다는 인상을 받았다. 회사는 곧 만료될 예정인 지식재산권에만 의존해 간신히 현재 상태를 유지하며 운영되고 있었다. 업계 동향에 밝았던 피터는, 경쟁사들이 해당 시장에 진입할 준비를 마친 점을 고려할 때 머지않아 회사의 입지가 크게 위태로워질 수 있다고 판단했다. 한편, 피터는 데니스가 한창 이혼 절차를 밟고 있으며, 재산 분할과 면접교섭권 문제로 아내와 첨예하게 대립하고 있다는 사실도 알게 되었다. 데니스는 또한 노화에 적잖이 당황해하고 있었다. 건강염려증 때문에 여러 병원을 찾아다녔으며, 노화에 따른 신체 변화를 받아들이는 데 어려움을 겪고 있었다.

얼마간 시간이 흐른 뒤, 피터는 형식적인 잡담을 넘어 보다 진지한 문제들에 관해 대화를 나눌 때가 되었다고 판단했다. 만약 데니스가 자신에게 해결해야 할 문제들이 있다는 사실을 받아들인다면, 피터는 그가 내면에 주의를 기울여 더 깊은 수준의 자기 이해와 자기 인식에 이르도록 도울 준비가 되어 있었다. 데니스가 나르시시즘이라는 틀에서 벗어나려면, 먼저 자신이 왜 그런 방식으로 행동하는지, 그리고 그 행동이 주변에 어떤 영향을 미치는지를 깨달아야 했다. 자신을 움직이는 근본적인 동기를 이해하고, 보다 현실적인 자기감을 확립할 필요도 있었다. 하지만 이는 결코 쉬운 일이 아니다. 나르시시즘은 본질적으로 자기 이해로부터 멀어지는 특성이 있기 때문이다. 이럴 때는 함께 일하는 동료들의 인터뷰가 포함된 360도 다면평가(360-degree feedback)를 활용할 수 있다. 이 방법은 개인의 강점과 약점은 물론 그의 행동이 타인과 조직에 미치는 영향을 데이터로 명확히 보여준다. 만약 데니스가 이 평가를 통해 현재 상황이 좋지 않다는 것을 이해하고 받아들인다면, 더욱 객관적인 인식 속에서 의

사결정을 내릴 수 있을 것이다. 자아를 잘 통제할수록 삶의 모든 영역에서 성공할 가능성도 그만큼 높아지기 때문이다.

> 나르시시즘은 본질적으로 자기 이해로부터 멀어지는 특성이 있다.

어느 정도 설득 끝에 데니스는 360도 다면 평가를 수락했고, 자신의 부하 직원 몇 명과의 인터뷰도 허락했다. 데니스가 피터의 제안을 수락하고 자신이 조직에서 훌륭한 리더로 인식되고 있는지 확인하려 한 것은 아마도 그의 나르시시즘 성향 때문이었을 것이다. 사실 피터는 데니스가 진심으로 자기 개선에 관심이 있다고 생각하지 않았다. 그러나 동기가 어떻든 간에, 이 과정은 분명 문제 해결의 실마리가 될 수 있었다. 데니스가 직원들과의 관계 개선을 위해 무엇을 해야 하는지를 보여주는 방대한 양의 객관적 데이터를 확보할 수 있었기 때문이다. 다만 경직되고 불신 가득한 조직 분위기 탓에 인터뷰는 원활하게 이루어지지 않았고, 횟수도 제한적이었다. 그래서 피터는 말로 *표현되지 않은 것*까지 살펴 진실에 다가가야겠다고 생각했다. 그럼에도 불구하고, 피터는 이 다면평가를 통해 데니스의 리더십 유형이 가진 장단점을 충분히 파악할 수 있었다.

피터는 다면평가 결과를 데니스에게 전달할 때도 부정적인 면에만 초점을 두어서는 안 된다는 사실을 잘 알고 있었다. 개선이 필요한 부분이 있더라도, 데니스가 지닌 강점 역시 함께 강조하는 방식으로 접근해야 했다. 두 사람은 함께, 데니스가 자기 자신에 대해 긍정적인 감정을 느끼고 에너지를 얻을 수 있는 활동들을 찾아 나갔다. 피터는 데니스가 분명한 목적의식을 가지고 진정으로 중요한 가치에 집중할 수 있다면, 자기 행동 이면에 숨겨진 근본적인 동기를 더 잘 이해하여 끊임없이 주목받고자 하는 욕구에 휘둘리는 일도 줄어들 것이라고 판단했다. 또한, 자신의 행동이 갈망을 결코 채워주지 못한다는 점과, 나르시시즘이 폭발하는 이유가 사실 깊은 열등감 때문이라는 사실도 이해할 수 있을 것으로 기대했다. 피터는 데니스가 질투심과 경쟁심을 넘어, 연민과 공감, 사회적 책임 같은 주제를 중심으로 내면 극장의 대본을 새롭게 써 내려가도록 돕고 싶었다. 물론 결코 쉽지 않은 일이었다. 대부분의 사람에게는 자신에 대한 왜곡된 인식을 붙잡고 현재 상태에 머무르려는 경향이 있기 때문이다.

대부분의 사람에게는 자신에 대한 왜곡된 인식을 붙잡고 현재 상태에 머무르려는 경향이 있다.

여러 차례 상담이 진행되는 동안, 피터는 데니스에게 나르시시즘 성향의 과잉 반응이 나타날 조짐이 느껴질 때마다 그 이유가 무엇인지 스스로에게 물어볼 것을 제안했다. 왜 그런 반응이 일어나는 걸까? 피터는 또한 자신을 과시하려 하기보다 앞으로의 성장과 발전에 집중하라고 조언했다. 이기심은 과도한 경쟁이 아니라 자기 개선으로 이어져야 하는 감정이다. 특히 공감 능력과 타인을 향한 연민을 기르는 일이 이 '치유' 과정의 핵심이라고 생각한 피터는 타인의 입장에서 생각하는 연습을 해볼 것을 권했다. 이러한 인지적 재구성을 통해 데니스는 짜증이 날 때 부정적인 감정을 조절할 뿐 아니라, 그 감정이 파괴적인 방식으로 표출되는 것을 자제할 수 있게 되었다.

기본적으로 데니스는 자신의 감정을 다루는 방식을 새로 배울 필요가 있었다. 이미 자신에게 있는 좋은 것들에 감사하는 태도는 자기 가치를 높이는 가장 효과적인 방법이며, 더 많은 것을 갈망하는 마음에 훌륭한 해독제가 될 수 있다. 또한 과장된 자기 인식을 완화하려면 겸손을 배우고 자신이 남보다 우월하지 않음을 깨달아야 했다. 자기보다 어려운 처지에 있는 사람들에게 관심을 기울이는 경험은 온통 자신에게만 집중했던 데니스의 시선을 돌리는 데 도움이 되었다. 베풂과 나눔의 경험으로 데니스는 지금까지 겪어보지 못한 만족감을 느꼈고, 이를 통해 이전과는 다른 유형의 행동을 강화하는 토대가 마련되었다.

시간이 흐르면서 피터의 접근법은 데니스에게 긍정적인 변화를 일으켰다. 데니스는 점차 자기중심적인 태도에서 벗어나기 시작했고, 과도하게 자신을 드러내는 횟수도 줄어들었다. 물론, 예전처럼 행동하고 싶은 유혹을 느끼는 순간들도 있었지만, 이제는 그런 충동이 이는 것을 자각하고 억제할 수 있었다. 나르시시즘 성향이 완전히 사라진 것은 아니었지만, 더 이상 그의 행동으로 인해 주변 사람들이 위축되는 일은 없었다. 변화를 이끌어낸 피터의 비결은 무엇이었을까?

'치유'에 이르는 과정

• 작업 동맹 형성하기

피터가 가장 먼저 한 일은 데니스와 '작업 동맹'을 구축하는 것이었다. 상담 과정에서 가장 중요한 것은 신뢰와 상호 존중에 기반한 감정적 유대를 형성하는 일이다. 관계의 질은 결과가 긍정적일 수 있을지를 가늠하는 중요한 지표가 된다. 피터는 먼저, 데니스의 변화를 위해 두 사람이 함께 노력할 수 있는 비판 없는 안전지대를 조성하는 한편, 나르시시스트와 신뢰를 쌓는 일이 쉽지 않고 아주 작은 일에도 그 신뢰가 무너져 방어적인 반응이 나타날 수 있다는 점을 잊지 않았다.

상담에서 가장 중요한 것은 신뢰와 상호 존중에 기반한 감정적 유대를 형성하는 일이다.

• 감정 기복 견디기

나르시시스트는 비판에 극도로 예민하다. 그래서 피터는 데니스의 모순된 행동을 정면으로 지적하는 방식이 효과적이지 않을 것이라 판단했다. 나르시시스트는 부정적인 피드백을 자신에 대한 공격으로 받아들인다. 실제로 데니스 역시 모든 형태의 조언, 심지어 건설적인 충고조차 자신을 폄하하는 공격으로 여기고 격렬하게 반응했다. 따라서 피터는 데니스의 감정적인 반응 너머를 보며 공격적인 언행을 사적으로 받아들이지 않았다. 선을 넘는 데니스의 행동에는 감정을 자제하고 대응했다.

피터는 데니스가 자신을 조종하려는 시도를 예의주시하며, 자신에게 무례한 말을 하더라도 사과를 기대하지 않는 편이 낫다고 생각했다. 데니스가 피터를 흔들려는 행동에 즉각 반응하기보다는, "상처받아 화가 난 것은 이해합니다. 하지만 객관적인 사실에 집중합시다."라고 말했다. 그 결과, 피터는 데니스의 관심 끌기식 행동에 반응하지 않고 침착함을 유지하며 문제에 집중할 수 있었다. 피터는 데니스의 격렬한 분노 표출을 자신을 조종하고 관심을 끌려는 의도가 담긴 일종의 연기로 보았다. 또한, 나르시시스트가 긍정 감정뿐 아니라 부정 감정을 통해서도 힘을 얻는다는 사실을 확인했다. 실제로 데니스는 자기 행동에 따라 타인의 감정이 변하는 모습을 보며 마치 자신의 존재를 확인하는 것 같았다.

> 나르시시스트는 긍정 감정뿐 아니라 부정 감정을 통해서도 힘을 얻는다.

• '회색 돌' 기법 사용하기

피터는 나르시시스트가 어떻게 상대의 감정을 자극하는지를 잘 알고 있었다. '감정 기복'이 심하다는 특성과 연결 지어 볼 때,

나르시시스트가 갈등 상황을 즐긴다는 점은 분명했다. 하지만 그런 도발에 반응하는 것은 마치 활활 타오르는 불 위에 기름을 붓는 것과 다름없었다. 데니스에게는 똑같이 되받아치기보다는, 흥분을 가라앉히고 마치 '회색 돌grey rock'처럼 무관심한 태도를 보이는 편이 훨씬 나았다. '회색 돌'은 학대 행동에 감정적으로 휘말리지 않는 방식을 비유적으로 나타낸 표현으로, 흥미가 없다는 식의 반응을 보여 상대가 나의 감정이나 행동을 통제하려는 시도를 흘려보내는 전략이다. 이 전략을 효과적으로 사용하면, 데니스 같은 나르시시스트는 더 이상 상대를 조종하는 데 흥미를 느끼지 못한다.

물론, 이 전략을 사용할 때도 나르시시스트를 무시하는 것은 *결코* 바람직하지 않다. 거리 두기의 핵심은 그 정도를 조절하는 데 있다. 피터는 데니스가 과장된 언행을 보일 때, 말수를 줄이고 간결하게만 대답함으로써 대화의 강도를 조절했다. 데니스가 현실을 왜곡하려 들 때도 적극적으로 맞서기보다는, "그렇게 볼 수도 있겠네요."라고 차분하게 대꾸하고 더 이상의 반응을 삼갔다.

• 경계 설정과 관리

피터는 감정적으로 과열되는 상황을 막으려면 경계를 설정하는 것이 매우 중요하다고 생각했다. 예를 들어, 어떤 주제들은 논의 대상이 될 수 없음을 분명히 했고, 그 기준을 일관되게 지켜 나갔다. 물론, 나르시시스트가 이러한 경계를 잘 따를 것이라고 기대하지는 않았다. 나르시시스트는 모든 규칙에서 자신만은 예외라고 생각하는 경향이 있기 때문이다. 그러나 데니스가 그 경계를 넘는 경우, 피터는 이를 묵과하지 않았다. 피터는 예의를 갖춰 데니스의 인격이 아닌 *행동*을 지적했다. 때로는 특정한 행동은 받아들일 수 없다는 점을 분명히 밝히기도 했다. 만약 데니스의 말이나 행동 때문에 상처를 받으면, 피터는 이렇게 말했다. "지금 이 문제들을 다루는 데 있어 그 언행이 과연 적절하다고 할 수 있을까요? 우리가 나눠야 할 대화는 이런 게 아닐 텐데요."

• 초점 유지

자기 중심성과 자기 지식은 균형을 맞추기 어려운 대립적 요소다. 피터가 데니스를 상담한 궁극적인 목적은 그가 더 깊은 수준의 자기 이해에 도달하도록 돕는 데 있었다. 피터는 데니스가 자신의 자아가 오히려 성공을 가로막는 걸림돌이 되고 있다는 사실을 깨닫게 해야 했다. 역설적이게도, 자신이 위대하다는 믿음이 데니스의 성장을 방해하고 있었기 때문이다. 어떤 사안을 다각도에서 바라보지 못하는 한계가 오히려 병적 나르시시즘의 스펙트럼 위에 그를 굳건히 자리 잡게 했다고 해도 과언이 아니었다.

피터는 데니스에게 우월감, 충동성, 칭찬받고 싶은 욕구에서 비롯된 결정은 효과적이지 않다고 설명했다. 또한 그가 자아에 갇혀 있다는 사실을 여러 차례 반복해 일깨워 주기도 했다. 피터는 데니스가 듣기 싫은 말을 들을 때 보이는 방어적 태도에 휘말리지 말아야 한다는 것을 경험적으로 알고 있었다. 또한 데니스가 어떤 행동에 대한 책임을 회피하려 할 때 대화의 방향을 돌리는 경향이 있다는 것도 간파하고 있었다. 피터는 데니스가 그를 피하거나 대화의 방향을 바꾸려 할 때 결코 경계심을 늦추지 않았다. 이런 상황이면 데니스가 대화를 독점하거나 엉뚱한 주제로 전환하지 못하도록 즉시 대화의 흐름을 바로 잡았고, 대화가 일방적이라고 판단되면 단호하게 마무리한 뒤 다음 단계로 넘어갔다. 피터는 항상 구체적으로 말하려 노력했으며, 필요할 때는 핵심 내용을 반복해 강조했다. 이 모든 과정에서 피터는 데니스를 존중하며 함께 해결책을 모색했다. 효과적인 대화를 위해 피터는 상담 계획을 매번 미리 준비했고, 상담 후에는 결정 사항을 문서로 정리했다. 왜곡에 능한 데니스를 상대하기 위해서는 대화 내용을 기록해 둘 필요가 있었다. 두 사람이 함께 참고할 수 있는 서면 기록은 데니스의 통제 시도를 무력화하는 동시에, 피터가 그에게 흔들리지 않는다는 점을 분명히 보여주는 효과적인 수단이었다.

자기중심성과 자기 지식은 균형을 맞추기 어려운 대립적 요소다.

• 소크라테스식 질문법 활용하기

피터는 데니스와 같은 사람을 상대할 때 소크라테스식 질문법, 즉 열린 질문을 던져 전제를 흔들고 의미를 명확히 한 다음, 그 밑바탕에 있는 원칙을 드러내는 방식이 효과적이라는 것을 경험을 통해 알고 있었다. 과거의 실수를 되짚는 접근법은 전혀 도움이 되지 않았다. 나르시시스트는 수년간 쌓인 문제 행동에 대한 지적에서 아무런 교훈도 얻지 못한다. 오히려 현재에 집중하고, 어느 정도 중립적인 태도로 접근하는 것이 훨씬 효과적이다. 예를 들어, 어떤 결정을 내린 방식이 잘못되었다고 직접적으로 지적하기보다는, "그 방식에도 장점이 많지만, 제 생각은 조금 달라요."라고 말하는 편이 나았다. 어떤 일을 추진하는 데 있어 더 나은 방법이 있다고 강하게 주장하기보다는, "그 방법이 가능하다고는 미처 생각하지 못했어요! 꽤 괜찮은 방법인데요? 그런데 조금 다르게도 접근할 수 있지 않을까요?"와 같이 말하는 식이다. 데니스의 감정을 자극하지 않고 기세를 누그러뜨리는 표현들도 유용했다. 예를 들면, "아, 무슨 말인지 알겠어요. 그런 느낌이 들었다니 안타깝네요." 혹은 "저는 당신 편입니다. 쉽지 않은 상황이기는 하지만 우리가 함께 해결해 나갈 수 있어요."라고 말하는 편이 더 나았다. 물론 '~했어야 한다'거나 '~하는 게 좋았겠다'와 같은 표현은 반드시 피해야 했다.

> 나르시시스트는 수년간 쌓인 문제 행동에 대한 지적에서 아무런 교훈도 얻지 못한다. 오히려 현재에 집중하고, 어느 정도 중립적인 태도로 접근하는 것이 훨씬 효과적이다.

소크라테스식 질문법을 사용하면서, 피터는 중요한 메시지를 전할 적절한 순간을 포착하는 것이 얼마나 중요한지 깨달았다. 그래서 데니스가 경청할 준비가 되어 있는지를 신중하게 판단했다. 그렇지 않으면 개입이 오히려 역효과를 불러올 수 있기 때문이다. 또한 대화에 진전이 없다고 느껴지면 상담을 중단했고 감정이 과열될 때는 잠깐의 휴식을 제안했다.

• **샌드위치 전략**

피터는 비판적인 피드백을 줄 때 내용을 작은 단위로 나누어 전달했다. 특히 효과적인 방법은 칭찬-비판-칭찬 순서로 구성된 샌드위치 전략으로, 먼저 칭찬한 뒤 꼭 짚어야 할 문제를 전달하고 다시 칭찬으로 마무리하는 방식이었다. 피터는 데니스가 상황을 주도하고 있다고 느낄 수 있도록 문제를 재구성했다. 이렇게 하면 데니스의 칭찬 욕구를 충족시키는 동시에 부정적인 피드백도 자연스럽게 칭찬 속에 녹여낼 수 있었다. 또한, 피터는 데니스의 강점을 함께 칭찬함으로써 이 전략의 효과를 더욱 높였다. 더 나아가, 어떤 문제를 다른 방식으로 해결하면 남들보다 더 돋보일 수 있다고 설득하는 방법이 효과적이라는 것도 깨달았다. 원하던 변화가 데니스 자신이 제안한 아이디어에서 비롯되었다고 생각할 때 실제로 행동이 바뀔 가능성이 훨씬 높아진다는 점도 확인했다.

해결되지 않은 트라우마는 나르시시스트의 눈을 가려 자기 행동이 타인에게 어떤 영향을 미치는지 보지 못하게 한다.

• **공감하는 태도 유지하기**

데니스를 상담하는 과정에서 피터는 여러 차례 낙담했다. 그럴 때면 피터는 데니스의 오만한 겉모습 이면에 낮은 자존감과 깊은 불안이 자리하고 있다는 사실을 되뇌였다. 데니스는 겉으로는 자신감 있어 보였지만, 실제로는 그렇지 못해 끊임없이 타인의 인정을 갈망하는 사람이었다. 비록 힘들었지만, 피터는 가능한 한 공감하는 태도를 보이려 애썼다. 해결되지 않은 트라우마가 나르시시스트의 눈을 가려 자신의 행동이 타인에게 어떤 영향을 미치는지 보지 못하게 한다는 사실을 알고 있었기 때문이다. 그럼에도 피터는 데니스에게, 사람들에게 인상을 남기려 애쓰는 것과 인상적인 사람이 되는 것은 전혀 다른 문제라는 점을 전달하려 노력했다.

피터는 나르시시스트가 가장 바라는 것이 결국 이해받고 사랑받는 것임을 깊이 이해하고 있었다. 그래서 데니스와 대화를 할 때면, 그의 말을 경청하고 있다는 신호를 보냈다. 피터는 언제나 공감의 표현을 활용했다. "저였어도 그런 상황에서는 분명 슬프고 화가 났을 거예요." 또는 "그런 말도 안 되는 상황을 이겨냈다니 정말 대단합니다."와 같은 말이 그 예다. 이런 표현은 단순히 데니스의 행동에 찬성하거나 반대한다는 뜻이 아니었다. 두 사람의 관계를 돈독히 하고 신뢰를 쌓아가기 위해서는, 피터가 자기 말을 진심으로 경청하고 있다는 것을 데니스가 실제로 느낄 수 있어야 했다. 피터는 이러한 상호작용을 통해 데니스가 공감하는 법을 배우고, 언젠가 다른 이들에게도 공감을 표현할 수 있기를 바랐다.

> 사람들에게 인상을 남기려 애쓰는 것과 인상적인 사람이 되는 것은 전혀 다른 문제다.

• 유머 활용하기

피터는 유머를 적극 활용해, 데니스가 설명하는 어떤 사안과 실제 상황 사이의 괴리나 모순을 보여주었다. 유머는 피드백을 부드럽게 전달할 뿐 아니라 오만한 태도 누그러뜨리는 데에도 효과적이다. 데니스가 자기 자신을 웃음의 소재로 삼을 수 있다면, 오히려 해방감을 느낄 수도 있었다. 피터는 여러 경험을 통해, 유머 감각이 있는 사람은 대체로 덜 자기중심적이고 현실을 더 정확히 바라보며, 성공 앞에서는 겸손하고, 어려운 상황에서도 쉽게 좌절하지 않는다는 사실을 알고 있었다.

> 유머 감각이 있는 사람은 대체로 덜 자기중심적이고 현실을 더 정확히 바라보며, 성공 앞에서는 겸손하고, 어려운 상황에서도 쉽게 좌절하지 않는다.

나르시시즘을 넘어

데니스가 점차 변화하는 모습을 보며 피터는 뿌듯함을 느꼈다. 데니스는 자기 행동에 문제가 있음을 자각했고, 나르시시즘이 결국 자신을 가두는 감옥이 될 수 있으며 자기 집착만큼 사람을 불행하게 만드는 것도 없다는 사실을 받아들였다. 또한 자기 행동이 실은 자기 파괴적인 성향을 띠고 있었으며, 문제의 본질은 언제나 다른 사람이 아니라 자기 내면에 있음을 인정하게 되었다. 어렵지만 데니스는 자기중심적인 사고에서 벗어나 좀 더 타인 중심적인 시각으로 내면을 변화시켜야 했다.

> 자기 집착만큼 사람을 불행하게 만드는 것은 없다.

피터가 이러한 변화를 이끌어낼 수 있었던 것은, 나르시시즘을 깊이 이해하고 있었기 때문이다. 그는 나르시시스트의 행동 양상을 예측하고, 어떻게 대응해야 하는지를 정확히 알고 있었다. 나르시시즘의 기본 특성과 자기애성 인격장애의 원인에 대한 이해를 바탕으로, 데니스와 원활하게 소통했고 그에게 필요한 행동 변화도 이해하기 쉬운 방식으로 설명할 수 있었다. 피터의 노력 덕분에 데니스는 세상을 자기중심으로 바라볼수록 더 불행해질 수밖에 없다는 사실을 깨닫게 되었다.

> 나르시시스트는 자기에게 가장 이로운 방향이 무엇인지 알면서도, 자신을 속이는 놀라운 능력을 지니고 있다.

피터는 데니스와 상담을 시작할 때부터 나르시시스트를 상대로 하는 심리적 개입이 어렵고 지난하다는 사실을 충분히 인식하고 있었다. 자기성찰에는 끝이 없으며, 뿌리 깊은 사고방식과 습관을 바꾸는 데는 시간이 필요했다. 나르시시스트는 자신에게 가장 이로운 방향이 무엇인지 알면서도, 자신을 속이는 놀라운 능력을 지니고 있다. 피터는 데니스를 통해, 자기 이해, 공감, 연민, 호기심, 현실 인식, 그리고 잘 발달된 유머 감각과 같은 성격적 자질이 제대로 자리 잡으면, 중심이 쉽게 흔들리지 않을 뿐 아니라 과도한 행동도 줄일 수 있다는 사실을 보여주었다. 나르시시스트가 '지금 이대로도 괜찮다'는 감정을 진심으로 느끼는 순간, 그들이 그토록 갈망하던 충만감이 차오른다. 더 많은 것이 반드시 더 나은 것은 아니며, 진정한 만족은 결국 자기 내면에서 온다는 사실을 깨닫게 되는 것이다. 랄프 왈도 에머슨Ralph Waldo Emerson의 말처럼, "우리 마음에 평화를 가져다줄 수 있는 사람은 오직 우리 자신뿐이다."[1]

나르시시스트가 '지금 이대로도 괜찮다'는 감정을 진심으로 느끼는 순간, 그들이 그토록 갈망하던 충만감이 차오른다.

참고 문헌

1. Ralph Waldo Emerson (1876/1841). Self-reliance. In *Essays: First Series*. Boston: James R. Osgood and Co., p. 76.

인용문 출처

- Sigmund Freud (1905/1901). *Dora: An Analysis of a Case of Hysteria* [*Bruchstücke einer Hysterie-Analyse*].

- William Wordsworth (1888, [posthumously published]). *The Recluse*. London: Macmillan and Co., p. 52.

9장

나르시시즘을 흔드는 집단의 힘

내면에 혼돈을 품은 자만이 춤추는 별을 탄생
시킬 수 있다.

─프리드리히 니체 Friedrich Nietzsche

아이디어는 처음 떠올린 사람의 머릿속을 떠나 다
른 이에게 전달되었을 때 더욱 풍성해진다.

─올리버 웬델 홈스 Oliver Wendell Holmes

광기란, 똑같은 행동을 반복하면서도
다른 결과를 기대하는 것이다.

─익명

나르시시스트의 행동을 변화시킬 수 있는 또 다른 방법은 집단 상담이다. 이들이 자발적으로 참여할 준비가 되어 있기만 하다면, 집단 상담은 변화를 이끌어내는 중요한 전환점이 될 수 있다.

집단 역학

대형 SNS 기업의 임원인 다니엘Daniel의 사례를 통해 집단 역학의 실제를 살펴보자. 어느 날, 다니엘은 자사가 주최하는 최고경영진 워크숍에 참석하게 되었다. 이 협업 강화 워크숍이 기획된 이유 중 하나는 다름 아닌 다니엘 때문이었다. 직원들은 그의 업무 능력을 인정하면서도 함께 일하기를 꺼렸다. 그는 늘 자기 이야기로 모든 대화를 독점했다. 상대의 말은 경청하지 않았고, 누군가 이야기를 시작하면 곧바로 끼어들어 자신의 관심사로 주제를 돌렸다. 어떤 자리에서든 자신이 가장 재치 있으며, 마치 자신을 내세우고 떠들어야만 존재감을 드러낼 수 있다고 믿는 사람 같았다. 회의 때마다 발언 시간을 독차지했으며, 자아로 가득 찬 그의 내면에는 다른 의견을 받아들일 여지가 없었다.

> 다니엘의 특권 의식은 과장된 자아만큼이나 크고, 이성은 그 자아에 비해 보잘것없이 작았다.

다니엘은 언제나 타인의 성과를 깎아내리고 자신의 성과는 과장해서 드러냈다. 직원들은 다니엘이 자기들을 한참 얕잡아본다는 사실을 알고 있었다. 그의 부적절한 행동은 사소한 일에도 쉽게 발끈하는 성향 때문에 좀처럼 나아질 기미가 보이지 않았다. 물론 업무 성과로 인정받는 순간도 있었지만, 도를 넘는 다니엘의 자기중심적 태도는 사내에서 점점 더 심각한 문제로 떠올랐다. 함께 일하던 직원들은 그의 특권 의식이 과장된 자아만큼이나 크고, 이성은 그 자아에 비해 보잘것없이 작다고 수군거렸다. 다니엘을 팀 플레이어로 거듭나게 할 수는 없는 것일까? 직원들은 이번 워크숍을 계기로 그가 사람들과 어울려 함께 일하는 법을 배우고, 자기중심적인 성향을 줄일 수 있길 바랐다.

앞서 나르시시즘 성향이 조직 내 고위직에 오르기 위한 전제

조건이 될 수 있음을 언급한 바 있다. 많은 나르시시스트에게서 관찰되는 강한 카리스마는 개인의 출세에 도움이 될 뿐 아니라, 이들이 이끄는 조직에도 긍정적인 영향을 미칠 수 있다. 그러나 이들의 추진력과 야망이 조직 성장에 아무리 도움이 될 수 있다고 해도, 그 정도가 지나치면 오히려 역효과가 날 뿐이다. 경쟁심은 협력하는 태도가 동반될 때 긍정적인 효과를 낸다. 극단적인 경쟁심은 결코 팀워크를 위한 해답이 될 수 없다. 그러나 다니엘은 지나치게 경쟁적이었다. 어떤 대가를 치르더라도 반드시 이겨야 한다는 그의 집념은 결국 조직에 아무런 도움이 되지 못했다.

> 경쟁심은 협력하는 태도가 동반될 때 긍정적인 효과를 낸다.

다니엘은 나르시시스트 특유의 여러 가지 성향을 보였다. 강한 특권 의식 때문에 자신이 마땅히 받아야 한다고 생각하는 특별 대우를 받지 못하면 쉽게 짜증을 냈다. 공감 능력이 부족해 다른 사람의 감정이나 욕구를 헤아리고 이해하는 데 어려움을 겪었고, 예민한 성격 탓에 마음에 들지 않는 말은 곧잘 개인적인 공격으로 받아들였다. 쉽게 상처받고 과민하게 반응하며 방어적인 태도를 보였고, 비판을 잘 견디지 못해 피드백을 주기도 까다로웠다.

자신감이 넘쳐 보였지만, 사실 다니엘의 자아는 매우 취약했다. 자신에게 매우 만족하는 것처럼 보여도, 실제로는 그렇지 않았다. 다른 사람의 심리를 잘 읽는 편이었던 다니엘의 동료는 독일 철학자 프리드리히 니체Friedrich Nietzsche의 말인 "자신에 대해 말을 많이 하는 것은 자신을 감추기 위한 수단일 수 있다."를 인용하며, 다니엘의 자아도취적이고 요란스러운 행동 뒤에 숨겨진 깊은 불안에 대해 언급하기도 했다.[1]

7장에서 나르시시즘 성향을 지닌 사람들과 함께 일할 때 겪게 되는 어려움에 대해 비교적 자세히 다룬 바 있다. 다니엘과 같은 사람들은 일이 자기 뜻대로 진행되지 않으면 협력하지 않는다. 또 자신에 대한 통찰이 부족하기 때문에 대인 관계에서도 어려움을 겪는다. 상황을 더 어렵게 만드는 것은, 이들이 자신에게 문제가 있다는 사실 자체를 좀처럼 인정하지 않는다는 데 있다. 자신이 남들보다 뛰어나다고 믿는 사람은 웬만해서는 도움을 요청하지 않는다. 자신의 실수를 인정하지 않기 때문에 실수를 통해 새것을 배우는 속도도 매우 느리다.

자신이 남들보다 뛰어나다고 믿는 사람은 웬만해서는 도움을 요청하지 않는다.

임상 전문가나 코치가 나르시시즘 성향을 지닌 사람들의 변화를 돕기 위해 활용할 수 있는 개입 방법에는 여러 가지가 있다. 하지만 모두 시간과 노력을 요하는 고된 과정이다. 전문가들도 인정하듯, 성격은 좀처럼 바뀌지 않으며, 설령 바뀐다 해도 그 변화는 매우 더디다.

나르시시스트의 변화를 더욱 효과적으로 이끌어낼 수 있는 대표적인 개입 방법으로 집단 역학group dynamics이 활용되는 집단 상담을 들 수 있다. 집단 상담은 1:1 상담에 비해 참여자들이 방어기제를 사용하게 되는 여러 지점을 자극함으로써 고무적인 변화를 이끌어 낸다. 집단 상담은 의식적 과정과 무의식적 과정을 모두 활성화시키므로, 진정한 변화를 원한다면 무의식적 과정을 반드시 다룰 필요가 있다.

무의식적 역학은 1:1 상담에서도 활성화되지만, 집단 전체를 다룰 때 그 효과가 훨씬 더 크다. 이러한 점에서 전체로서의 집단은 마치 거미줄처럼, 상담에 참여한 사람들 사이에서 펼쳐지는 집단적 의식과 무의식 반응을 포착해 낸다. 또한, 이 거미줄은 처음에는 이해하기 어려웠던 생각, 감정, 태도, 행동의 의미를 서로 연결해 준다.

> 전체로서의 집단은 거미줄처럼, 상담에 참여한 사람들 사이에서 펼쳐지는 집단적 의식과 무의식 반응을 포착해 낸다.

이 거미줄에 포착된 생각들은 저마다 다른 성격을 띠며, 서로에게 긍정적인 영향을 주기도 하고 부정적인 영향을 미치기도 한다. 사실상 이 거미줄은 각 참여자가 제대로 처리하지 못한 채 품고 있는 심리적 문제들을 포착해 낸다. 예를 들어, 외모나 체형에 대한 불만, 성 또는 감각과 관련된 어려움, 애착이나 자존감의 결핍, 그리고 슬픔, 기쁨, 두려움, 분노, 놀람, 혐오 같은 기본 감정과 관련된 문제가 해당된다.[2] 집단 상담의 경우, 참여자들 사이에 형성된 권력과 권위의 역학이 자연스럽게 드러나므로, 전체 집단이 어떻게 작동하는지, 그리고 각 참여자가 어떻게 행동하는지를 파악할 수 있다. 각 참여자의 언어적·비언어적 행동이 집단이라는 현미경 아래 놓이면 참여자의 변화를 이끄는 핵심 동력이라고 할 수 있는 집단 내부의 심리적 상호작용을 관찰할 수 있다. 이 과정에서 평소 표현하지 못했던 감정과 두려움이 수면 위로 떠오르고 억눌렸던 생각과 감정이 의식화된다. 그리고 이어지는 토론을 통해 참여자들은 자기 행동 방식을 더 깊이 이해하고, 변화를 실천할 방안을 모색할 수 있다.

다른 사람의 내면세계를 공유하고 받아들이는 경험은 신뢰, 자기 개방, 공감, 수용의 선순환을 만들어 낸다. 이 과정에서 특히 중요한 역할을 하는 것이 바로 '이야기'다. 집단 상담에서는 참여자 각자가 자신의 이야기를 자유롭게 풀어내도록 격려하는 방식의 개입이 중요하다. 이 과정을 통해 참여자들은 서로가 감내하고 있는 어려움을 더 잘 이해하게 된다. 또한 이야기는 흥미로운 의식적·무의식적 역학을 함께 활성화시킨다.

이야기가 시작되면, 듣고 있는 사람들의 거울 뉴런mirror neurons이 활발히 활성화되면서 이야기 속에 자신을 투사하는 현상이 나타난다.[3] 사실상, 이야기하는 사람의 생각이나 감정이 듣는 사람의 뇌로 전달되는 셈이다. 이때 이야기하는 사람의 뇌가 듣는 사람의 뇌와 서로 동기화되는 듯한 현상이 나타난다. 이야기가 지닌 감정적 호소력 덕분에 서로가 정서적으로 연결되고, 동기화 과정을 통해 의미와 목적이 공유되면서, 이야기하는 사람의 생각과 감정을 이해할 수 있는 공감의 기반이 형성된다.

다른 사람의 내면세계를 공유하고 받아들이는 경험은 신뢰, 자기 개방, 공감, 수용이라는 선순환을 만들어 낸다.

이 같은 동기화를 통해, 참여자들은 이야기하는 사람의 입장에서 그들이 겪은 세계로 들어가 새로운 시각으로 상황을 바라보는 경험을 하게 된다. 나아가 이들은 상상력을 발휘해, 듣고 있는 이야기 속의 인물이 된다. 이렇게 이야기는 화자와 청자 모두에게 진솔하고 강한 정서적 반응을 불러일으킨다.

결국 집단 상담 참여자들은 이야기 속 주인공과 정서적으로 연결된다. 이야기를 듣는 동안, 자신의 입장을 벗어나 타인의 관점을 이해하고, '타자'에 대한 공감 능력을 키운다. 간단히 말해, 이야기가 사람들의 뇌를 하나로 이어주는 셈이다. 실제로 다른 사람의 이야기에 자신을 비춰보는 과정은 자기 삶을 다시 들여다볼 기회를 만들어 준다. 그리고 자신이 겪고 있는 문제를 새로운 시각으로 바라보게 될 때 그 문제가 어디에서 비롯되었는지를 더 분명하게 이해할 수 있다. 이처럼 집단 상담에서 자신의 이야기를 나누는 경험은 참여자가 자신의 문제를 스스로 해석하여 변화의 길로 나아가게 하는 결정적 계기가 될 수 있다. 이야기는 참여자 모두가 각자의 갈등이 담긴 서사를 새로운 시각에서 조망하고, 한걸음 떨어져 문제를 볼 수 있게 해주는 효과적인 방법이다.

이야기를 하는 사람은 다른 참여자들이 보이는 반응을 통해 자신의 이야기를 객관적 시각에서 마주하게 된다. 과거의 경험과 서사가 현재의 문제에 어떤 영향을 미치고 있는지를 다시금 돌아보게 되는 것이다. 이처럼 자신을 성찰하는 과정은 그간 소모적으로만 느껴졌던 기존의 사고방식을 바꾸고, 현재 마주한 문제들을 새로운 이야기로 이어가는 출발점이 될 수 있다. 자신의 과거를 존중하면서도 보다 긍정적인 태도로 미래를 맞이하게 되는 셈이다. 이야기를 들어준 다른 참여자들의 지지에 힘입어 새로운 시각을 갖게 된 참여자는 자신의 사고방식과 행동을 변화시킬 힘을 얻는다. 미래를 바라보며 자기의 인생 이야기를 '다시' 써 내려갈 수 있게 되는 것이다. 이 과정은 더 건강한 삶으로 나아가는 중요한 전환점이 될 수 있다.

> 이야기는 사람들의 뇌를 하나로 이어준다. …… 집단 상황에서 자신의 이야기를 나누는 경험은 참여자가 자신의 문제를 스스로 해석하여 변화의 길로 나아가게 하는 결정적 계기가 된다.

이야기하고 듣는 과정에서 표출되는 감정들을, 지지, 위로, 조언, 통찰의 과정을 통해 함께 다루는 참여자들은 치유를 경험한다. 집단 내에서 작동하는 역학 덕분에 방어적 태도가 줄고 변화에 더 개방적인 태도를 갖게 되는 것은 물론이다. 결과적으로 이러한 상호작용 속에서 참여자들의 자존감과 정서적 안정감이 높아진다. 이러한 변화는 집단 역학의 중요한 특성 중 하나인 모방imitation을 통해 더욱 촉진된다. 모방을 통해 참여자들은 서로를 동일시하게 되고, 이 경험은 변화를 일으키는 강력한 동력이 된다.

집단 전체와 개인 사이의 상호작용이 일어날 때는, 개인의 내면이 집단에 영향을 미치고, 집단 역시 개인의 내면에 영향을 미치기 마련이다. 개인의 내면 극장과 집단 안에서 각자가 자신의 대본을 집단 안에서 '연기하는' 과정 사이에도 흥미로운 교류가 일어난다. 집단 전체가 만들어 내는 드라마는 각 참여자에게 영향을 미치고, 개인의 드라마 역시 집단 전체에 영향을 미친다.

> 집단 전체와 개인 사이의 상호작용이 일어날 때는, 개인의 내면이 집단에 영향을 미치고, 집단 역시 개인의 내면에 영향을 미치기 마련이다.

개인과 집단 간의, 이 같은 상호작용 양상은 다니엘이 자신의 이야기를 공유할 때 특히 뚜렷하게 나타났다. 그는 다른 참여자들의 격려 속에서 자기를 탐색하는 과정을 거쳤고 스스로를 통찰하며 많은 깨달음을 얻었다. 무엇보다, 주목받으려는 강박이 결국 정반대의 결과를 초래하고 있었다는 사실을 깨달았다. 존경을 불러일으키기는커녕 반감만 사는 행동을 반복하며 지냈다는 깨달음이었다. 오로지 '나'만 강조하던 태도가 '우리'가 설 자리를 없애버렸다는 점도 분명해졌다. 지나치게 자기중심적인 태도 때문에 결국 자신이 외로워졌다는 사실도 인정하지 않을 수 없었다. 실제로, 자아, 질투, 탐욕, 악의, 원망으로 흐려진 마음은 제대로 된 결정을 내리기 어렵다.

집단 상담의 도움으로, 다니엘은 자기 현실 외에도 수많은 다른 현실이 존재한다는 사실을 깨닫게 되었다. 다른 참여자들로부터 자극을 받고, 그들의 방식에 자신을 비춰보면서, 타인이 경험하는 현실 역시 자신의 의식 위로 떠오를 수 있도록 스스로에게 기회를 줄 필요가 있다고 느꼈다. 그 현실 속에는 자신이 마주하기 꺼렸던 모습들도 있었지만, 그런 모습 역시 자기 성격의 일부임을 인정해야 했다. 다니엘은 자기 안의 그림자 측면을 받아들이고, 자신이 갖고 있는 다양한 모습들을 보다 긍정적인 방식으로 통합해 나가야겠다고 생각했다. 이제는, 자신이 쓰고 있다는 사실조차 인정하기 싫었던 가면 뒤로 숨기고 억눌러온 자신의 부정적인 면들과 마주할 시간이었다.

전체로서의 집단 안에서 일어나는 상호작용을 통해, 다니엘이 얻은 중요한 교훈이 하나 더 있다. 바로, 자신의 욕구보다 직원들의 욕구를 우선시할 때, 자신이 맡은 사업 부문이 훨씬 더 성장할 수 있다는 사실이다. 자신의 실적을 과시하는 데 썼던 에너지를 직원들을 격려하는 데 쓸 때, 훨씬 더 좋은 성과가 나타났다.

집단 상담을 통해 경험한 집단 역학은 다니엘을 변화시킨 결정적 동력이었다. 지금부터는 더 개념적인 관점에서 이 변화를 가능하게 한 여섯 가지 핵심 요인을 살펴보자.

> 집단에서는 문제 행동이 더 두드러지고 통제가 가능하며 더욱 쉽게 논의될 수 있기 때문에 잘 받아들여지지 않는다.

• **집단의 응집력:** 집단에서는 문제 행동이 더 두드러지고 통제가 가능하며 더욱 쉽게 논의될 수 있으므로, 잘 받아들여지지 않는다. 많은 경우에, 동조 압력(peer pressure, 역자 주: 동료나 주변 사

람으로부터 받는 사회적 압력)은 나르시시즘 성향의 사람들에게 집단의 규범을 따르게 만든다(다니엘의 사례가 대표적이다). 실제로 '아웃라이어'는 집단의 의견에 맞춰 태도나 행동을 바꾸는 경향을 보이며, 그 결과 집단 상담에 참여한 다른 구성원들은 일종의 '규범 수호자' 역할을 하게 된다. 규범 수호자들은 참여자가 나르시시즘을 과도하게 드러내거나 용납하기 어려운 태도를 보일 때 이를 지적하는 한편, 나르시시스트가 다른 사람의 말을 잘 듣고 공감할 수 있도록 격려하기도 한다. 이 같은 집단 역학은 1:1 상담에서 나타나는 역학을 보완하고 강화한다.

- **이야기 공유:** 집단 상담에서 이야기 공유는 말하는 사람이 자기 생각과 감정, 견해를 다른 참여자의 머릿속에 전달하는 과정으로, 이를 통해 참여자들은 서로의 슬픔, 기쁨, 어려움을 공유한다. 이야기를 매개로 시간을 초월해 서로의 삶과 경험이 연결되는 셈이다. 각자의 사연을 공유하는 과정에서 참여자들은 연민, 공감, 관용, 존중을 배울 수 있다. 이러한 감정적 역학은 매우 강력하게 작용해 참여자의 사고방식은 물론 행동까지도 변화시킬 수 있으며, 나르시시스트도 여기서 예외는 아니다. 다니엘은 다른 사람들의 이야기를 듣고 자신의 이야기를 들려주는 과정을

통해 연민과 공감을 배울 수 있었다.

• **집단 피드백:** 나르시시스트는, 특정 개인이나 리더로부터 피드백을 받을 때보다 여러 사람으로부터 피드백을 받을 때 덜 방어적이다. 다니엘의 사례에서 보듯, 집단으로부터 받은 피드백은 쉽게 무시하기 어렵다. 또한 집단 역학이 효과적으로 작동하는 가운데, 나르시시스트가 겉으로 드러낸 자기 인식은 다른 참여자들의 반응을 통해 거울처럼 비쳐 결국 행동이 달라질 수 있다.

• **전이 공간:** 전이 공간은 내적 현실과 외적 현실 사이에 존재한다. 내면세계와 외부 세계, 환상과 현실 사이에 있는 이 '여명지대'에서 창의적인 발상이 피어날 수 있다. 전이 공간은 사람들이 자유롭게 '놀이'를 할 수 있는 중간 지대로, 집단 상담에서 이 공간을 만들어 내는 것은 상담사의 역할에 달려 있다. 이 중간 지대에서 다니엘 같은 나르시시스트는 신뢰를 배우고, 자신이 넘지 말아야 할 경계를 탐색하며, 피드백을 수용하고, 자기 이해를 향해 나아간다.[4] 집단 상담 참여자들은 나르시시즘 성향을 보이는 인물의 문제적 행동을 건설적인 시각에서 지적하면서도 일정

부분 이해하고 공감하는 태도를 취한다. 이렇게 조성된 창의적인 '놀이 공간'에서 나르시시스트는 정체 상태를 벗어나 문제 행동을 교정할 수 있다.

> 전이 공간은 내적 현실과 외적 현실 사이에 존재한다. 내면 세계와 외부 세계 사이, 환상과 현실 사이라고 할 수 있는 이 '여명 지대'에서 창의적인 발상이 피어날 수 있다.

- **전체로서의 집단:** 이야기 공유 활동이 중심이 되었던 워크숍에서 상담사는 다니엘의 행동이 부적절해 보이는 경우라도 직접 맞서기보다 신중하게 대응하는 방식을 택했다. 특히 다른 참여자들로부터 받은 지적이나 피드백 때문에 다니엘이 놀라거나 상처받은 모습을 보일 때는 직접 나서서 공감해 주었다. 반면 다니엘이 대화를 독점하려 할 때는, 다른 참여자들이 자연스럽게 그를 견제하도록 유도했고, 말이 길어질 경우에는 적절히 제지할 수 있는 분위기를 조성했다. 또한 상담 현장에서 다니엘이 꼭 가장 똑똑한 사람이 되어야 할 필요가 없다는 점을 스스로 깨닫도록 도와주었다. 이 상호작용이 다소 혼란스럽게 느껴졌을 수도 있지만, 그럼에도 다니엘은 자신의 행동을 더 깊이 성찰해 갔다.

그는 능력과 성과를 과장하는 태도 때문에 자신의 진정한 자아와 괴리되었을 뿐 아니라, 다른 사람이 수용할 수 있는 행동의 경계마저 쉽게 넘나들고 있었다는 사실을 깨달았다. 집단 상담에 참여했던 다른 참여자들의 도움으로 그는 점차 자신과 화해하는 법을 배웠고, 다양한 방식으로 행동해 보는 것의 가치를 이해하게 되었다.

• 통찰로 가는 길: 집단 상담을 통해 다니엘은 점차 타인에게 공감하는 법을 익혀갔고, 세상 모든 일이 자신과 관련된 것일 수는 없다는 사실을 깨닫기 시작했다. 경청을 연습하면서 다른 사람들의 경험에서 배움을 얻었고, 자신을 향한 건설적인 비판이 자기감에 대한 위협이 아니라 유익한 조언이 될 수 있음을 인식하게 되었다. 집단 내 상호작용을 통해, 자신의 많은 행동이 부적절했음을 자각했다. 그렇게 다니엘은 점차 다른 참여자들의 행동 방식을 내면화하며, 이 방식이야말로 삶에서 마주하는 어려움에 대처하는 효과적인 방법임을 깨닫게 되었다.

집단 역학을 경험하면서, 다니엘이 그동안 의지해 온 방어기제는 서서히 무너져 갔다. 조금씩 조금씩, 그는 자신의 비효율적인 신념과 행동 양식을 수정해 나갔다. 늘 마음 한편에 자리 잡고 있던 무언가 잘못되었다는 막연한 느낌이 서서히 사라지면서, 그의 의식과 삶을 바라보는 관점도 점진적으로 바뀌어 갔다. 자아를 앞세우지 않게 되자, 조직에도 긍정적인 변화가 나타났다. 성공과 명성에 대한 욕구가 고개를 들 때면, 다니엘은 그것을 경고 신호로 받아들이고, 잠시 멈춰 자신을 되돌아보며 행동을 고치려 노력했다. 다니엘은 오직 자아만을 벗 삼아 살아가는 삶이 얼마나 외로운지도 깨달았다. 점차 팀 지향적인 태도를 갖게 되었고, 자아에 대한 집착은 결국 아무 데도 도달하지 못하는 여정이라는 사실을 깨달았다. 이후 다니엘은 자아를 돌아보고 내려놓고 놓아주는 과정이 마치 중독에서 회복하는 과정과도 비슷하다고 표현했다.

> 오직 자아만을 벗 삼아 살아가는 삶은 꽤 외롭다.

결국 다니엘의 이야기는 하나의 성공 사례가 되었다. 그러나 상담의 형태가 어떠하든, 나르시시스트를 다루는 일에는 언제나 어려움이 따르기 마련이다. 그럼에도 집단 역학을 활용한 개입이 성공적으로 이루어져 참여자의 문제 행동이 개선된다면, 조직 전반에도 긍정적인 변화가 나타날 수 있다. 집단 역학의 도움을 통해 참여자들은 조직을 더 나은 일터로 만드는 데 필수적인 자기 인식과 자기 이해를 키워나가게 된다. 집단 역학을 활용한 개입은 조직이 구성원들의 잠재력을 최대화하기 위해 도입할 수 있는 효과적인 방법이다.

참고 문헌

1. Friedrich Nietzsche (1917). Apophthegms and Interludes. In *Beyond Good and Evil*. Transl. H. Zimmern. New York: Modern Library, no. 169, p. 90.

2. Manfred F. R. Kets de Vries (2011). *The Hedgehog Effect*. San Francisco: Jossey-Bass.

3. Giacomo Rizzolatti and Laila Craighero (2004). The mirror-neuron system. *Annual Review of Neuroscience, 27*(1), 169–192; Manfred F. R. Kets de Vries (2024). *Storytelling for Leaders: Tales of Sorrow and Love*. London: Routledge.

4. Manfred F. R. Kets de Vries (2019). *Down the Rabbit Hole of Leadership: Leadership Pathology in Everyday Life*. London: Palgrave Macmillan.

인용문 출처

- Friedrich Nietzsche (1896/1892). *Thus Spake Zarathrustra. A Book for All and None*. Transl. Alexander Tille. London: Macmillan and Co.

- Oliver Wendell Holmes Sr. (1892/1872). *The Poet at the Breakfast-Table*. Boston and New York: Houghton, Mifflin and Company.

10장

셀카 시대

우주가 망한다 해도, 내가 계속 차를 마실 수만
있다면 나는 아무 상관없노라 말하겠다.

― 표도르 도스토옙스키 Fyodor Dostoevsky

삶은 해결해야 할 문제가 아니라 경험해야 할 현실이다.

― 야코뷔스 요하너스 리우 Jacobus Joannes Leeuw

본연의 모습으로 존재하고, 될 수 있는 존재가 되는 것,
그것이 우리 삶의 유일한 목적이다.

― 로버트 루이스 스티븐 Robert Louis Stevenson

다른 사람을 생각하기 전에 자기 자신부터 사랑하라

나르시시즘이라는 이름의 전염병이 퍼진 결과가 현대 사회 곳곳에서 확인되고 있다. 수많은 중독 중에서도 가장 위험한 유형인 주목받고자 하는 강박적 욕구는 더디지만 확실하게 입지를 굳혀가고 있다. 나르시시즘 행동은 주변 어디에서나 쉽게 목격된다. 나르시시즘은 또한 과소비와 무분별한 소비주의, 자기 계발서의 범람, 유튜브·인스타그램·틱톡 세대의 셀카 집착, 성형수술의 증가, 대중 영합주의의 확산 등 거의 모든 사회 문제의 원인으로 지목되고 있다. *호모 사피엔스*는 결코 완전할 수 없는 존재다. 불안에 취약하고 이기적일 뿐 아니라, 언제나 남에게 최상의 모습을 보여주려는 욕망도 떨쳐내지 못한다. 게다가 과도한 SNS 사용이 가상의 자아에 대한 욕망을 더욱 부추기고 있는 실정이다.

*호모 사피엔스*는 결코 완전할 수 없는 존재다. 불안에 취약

하고 이기적일 뿐 아니라, 언제나 남에게 최상의 모습을 보여주려는 욕망도 떨쳐내지 못한다.

문화 평론가들의 지적이 옳다면, 우리는 점점 자기 홍보와 자기 미화가 지나치게 강조되는 사회로 나아가고 있다. 이러한 흐름의 주요 요인은 기술의 발전에서 찾을 수 있다. 기술이 발전함에 따라, 집중력 저하, 사회 내 이념 양극화, 선거 조작의 확산, 유명인 숭배 현상 등 얼핏 관련 없어 보이는 여러 요소가 변수로 함께 작용하기 시작했다. 게다가 이 요소들은 사람들의 정보처리 방식에도 영향을 미치고 있다. 디지털 사회에서 우리는 새로운 방식으로 사람들의 관심을 끈다. 인터넷을 통해 이미지와 소문이 더 넓고 빠르게 퍼지면서 가짜뉴스 확산의 토대가 마련된 것도 사실이다. 사람들을 선동하는 것이 기업의 수익 증대에 도움이 되기 때문에, SNS 운영자들은 더욱 강력한 '참여 요인'을 만들어 내기 위해 한층 더 창의적인 방법을 동원해 이용자들을 끌어들이려 애쓴다. 그러나 이러한 노력 속에서, 진실과 거짓을 가리는 일은 그리 중요하지 않은 문제가 되어버렸다.

이러한 사회적 변화는 자기 자신에 대한 강박적 집착, 특권을 당연하게 여기는 태도, 정서적 미성숙을 부추기는 환경, 그리고 확증 편향의 영향으로 촉진되었으며, 그 결과 사람들은 자신이 만든 거품 속에 갇혀 살아가게 되었다. 이 같은 퇴행적인 흐름이 이어지는 동안 비판적 사고는 주변부로 밀려났고, 사회는 '피상성의 장애 disorder of superficiality'라고 밖에 표현할 수 없는 현상으로 물들게 되었다. 일터, 학교, 여가, 육아, 사랑 등 삶의 거의 모든 영역에서 세상은 점점 더 피상적인 방향으로 나아가고 있다. 안타깝게도, 피상적인 것을 좇는 나르시시즘 성향은 이제 보편적인 현상이 되고 말았다. 겉모습을 가꾸는 것이 새로운 사회 질서의 핵심으로 자리 잡게 된 것이다. 사람들이 자신을 과시하고, 가식으로 포장하며, 잘난 체하고, 탐욕스럽게 굴거나, 남을 이용하고, 별난 모습을 보일수록 오히려 더 매력적으로 여겨지는 세상이다. 대중의 관심을 갈구하는 연예인, 온라인상에서의 과도한 사생활 노출, 그리고 성형 수술의 급증 등이 이러한 흐름을 잘 보여준다. 이러한 자기 과시 문화 속에서 이타적이고 친사회적이며 공동체 지향적인 활동이 설 자리를 찾기는 쉽지 않다. 그 결과 우리가 어디에서 왔고, 어디로 가야 하는지를 판단할 수 있는 역사적 기준점마저 흐릿해지고 있다.

사회는 '피상성의 장애'라고 밖에 표현할 수 없는 현상으로 물들게 되었다.

물론 대부분의 사람은 본질적으로 자기중심적이다. 우리는 모두 자신만의 작은 우주 한 가운데 존재하며, 자신이 중요한 존재라는 착각 속에 타인보다 자신을 앞세우고 싶은 유혹을 느낀다. 결국 우리는 자신의 필요, 욕망, 욕구, 열망에 집중할 수밖에 없다. 진화적 관점에서 볼 때, 언제나 가장 중요했던 것은 생존이었다. 그러므로, 세상에서 나만큼 나를 신경 써주는 사람이 없다는 사실도 그리 놀랍지 않다. 그러나 진화론적 시각에서 볼 때, 인간의 이러한 자기중심적 욕구는 타인을 배려하고 공동체와 조화를 이루려는 태도와 반드시 균형을 이뤄야 한다.

하지만 나르시시즘이 만연한 시대인 지금, 협력의 가치는 약화된 반면 자기중심성은 지나치게 강화되고 있다. 많은 사람들이 *실제적인* 노력 없이도 자신이 당연히 무언가를 누릴 자격이 있다고 생각한다. 그저 자신에게 그럴 자격이 있다는 믿음만으로, 원하는 것을 하거나 가질 권리가 있다고 여기는 것이다. 그 사이, 절제, 자기 조절, 충성심, 공동체 의식과 같은 가치들은 설 자리를 잃고 있다.

안타깝게도, 나르시시즘이 확산하면서 가장 큰 타격을 입은 것이 바로 인간관계다. 이제 인간관계조차도 물건처럼 쉽게 대체할 수 있는 것으로 여겨진다. 사람들은 의미 있는 인간관계를 맺는 대신, 자기 상품화와 쇼맨십, 허세로 그 빈자리를 채워 나가고 있다. 다른 사람에게 미칠 영향을 고려하지 않고 오로지 개인적 욕망에 이끌려 즉각적인 만족을 추구하는 사람도 늘고 있다. 과도한 나르시시즘을 억제해 주던 종교적 가치나 시민 윤리도 이제는 낯선 개념이 되었다. 수많은 스캔들로 신뢰를 잃은 종교는 가치 수호자라는 본래 역할을 사실상 포기한 것처럼 보인다. 공동체 의식도 이제 공허한 구호로 느껴질 뿐이다.

자기중심성을 당연시하는 과정에서 사람들은 '자기 숭배', 즉 나르시시즘이라는 거품 속에서 살아가는 삶이 초래하는 폐해를 간과했다. 앞서 언급했듯, 오직 자아만을 벗 삼아 살아가는 삶은 꽤 외롭다. 자기중심성은 결코 행복을 보장할 수 없다.

이기적인 행동은 인간관계를 해칠 뿐 아니라 상처를 남기고 분열을 낳는다. 또한 다른 사람의 욕구와 바람을 뒷전으로 밀어내게 되면서, 그들에게 공감하고 관심을 기울이는 능력마저 약화되어 결국 사회적 고립은 심화될 수밖에 없다.

> 사람들은 의미 있는 인간관계를 맺는 대신, 자기 상품화와

쇼맨십, 허세로 그 빈자리를 채워 나가고 있다.

흥미롭게도, 오늘날 디지털 시대의 폐해로 뚜렷이 드러나고 있는 여러 문제는 이미 미국의 역사학자이자 사회비평가인 크리스토퍼 래쉬Christopher Lasch가 그의 기념비적인 저서『나르시시즘의 문화The Culture of Narcissism』에서 예견한 바와 크게 다르지 않다.[1] 이 책에서 그는 페르디난트 퇴니스Ferdinand Tönnies의 『공동사회와 이익사회Gemeinschaft and Gesellschaft』[2], 에밀 뒤르켐 Émile Durkheim의 『자살론Suicide』[3], 데이비드 리스먼David Riesman 의 『고독한 군중The Lonely Crowd』[4] 등 아노미(anomie 역자 주: 사회 규범이 약화되거나 무너질 때 나타나는 개인의 불안)와 소외(alienation 역자 주: 개인이 사회나 타인으로부터 소외감을 느끼는 상태)에 관한 연구들의 영향을 받아 여러 중요한 사회적·실존적 주제들을 논의했다. 특히 래쉬는『고독한 군중』에서 리스먼이 비판한 '타인지향형' 사람들의 성격 유형에 주목했다. 타인지향형 사람들은 자신과 연령이나 사회계층이 비슷한 사람들의 가치관에 자신의 기준을 맞추려는 경향을 보인다. 전통적인 가치나 내면의 기준이 아닌, 타인 의존적이며 가변적인 가치 체계를 따른다는 의미다. 따라서 자기표현에 대한 우리의 집착은 인터넷이 등장하기 훨씬 이전부터 존재해 왔던 것으로 짐작할 수 있다.

래시가 다루었던 사회적 주제들을 보면, 마치 페이스북, 인스타그램, 틱톡, X(구 트위터), 유튜브, 링크드인과 같은 SNS의 강한 영향을 받아 비슷한 삶의 태도를 공유하게 된 지금의 우리를 묘사한 듯하다. 요즘은 자신이 주목받는 상황을 꺼리는 사람이 많지 않다. 이런 점에서 나르시시즘은 빅토리아 시대의 금욕주의만큼이나 지금의 사회를 규정짓는 특징이 되어가고 있다.

> 나르시시즘은 빅토리아 시대의 금욕주의만큼이나 지금의 사회를 규정짓는 특징이 되어가고 있다.

래쉬는 자신의 책에서 현대 사회와 문화가 구성원들에게 정체성을 형성하고 안정감을 느낄 수 있는 기반을 제대로 제공하지 못하고 있음을 신랄하게 비판했다. 그는 이러한 현상의 원인으로 세 가지 구조적 차원의 변화, 즉 탈산업화된 생산 방식의 부상, 대중매체의 보편화, 개인적·정서적 돌봄 기능이 가정에서 국가로 이전된 현상을 지목했다. 래쉬는 이러한 변화들이 나르시시즘의 부상을 촉진했다고 주장했다. 그는 19세기 말에서 20세기 초에 걸쳐 나타난 이 같은 사회경제적 변화로 인해 나르시시즘이라는 심리적 병리 현상이 하나의 문화로 자리 잡게 되었고, 결국 당연한 것으로까지 받아들여지게 되었다는 가설을 세웠다. 래쉬는 사회가 유명인과 인기도에 집착하고 대인관계가 더 피상적이고 일시적인 성격을 띠게 된 점을 근거로 들어, 나르시시즘이 사회 전반에 은밀히 스며들어 있음을 지적했다. 그의 주장에 따르면, 이러한 변화는 노동, 종교, 성취, 혈통 등 전통적인 지위 기반에서 벗어난 사회를 만들어 냈다. 그 결과, 사람들은 또 다른 지위의 상징들을 쫓으며, 결코 끝나지도, 채워지지도 않을 경쟁의 무한 굴레 속에 갇히게 되었다. 다시 말해, 사람들 내면에 잠재되어 있던 나르시스가 깨어난 것이다. 래쉬는 이 현상을 다음과 같이 표현했다. "지금, 이 순간만을 위해 사는 것이 지배적인 열망이 되었다. 선대나 후대를 생각하지 않고, 오직 자신만을 바라보는 삶. 우리는, 우리가 과거에서 시작되어 미래로 이어지는 역사적 연속선상에 살고 있다는 사실을 빠르게 망각하고 있다."[5]

래쉬의 분석에서 특히 주목할 점은 자기 계발 열풍에 대한 비판이다. 그는 이 현상을 감정 조작을 통해 경쟁에서 우위를 차지하게 하려는 시도로 해석했다. 자기 계발에서 영적 운동에 이르기까지의 '개인의 성장'을 추구하는 다양한 흐름이 결국 자기 자신에 대한 나르시시즘적 집착에서 비롯된 것이라고 본 것이다.

이러한 맥락에서 래쉬는 '구루'의 등장, 영적 운동의 확산, 그리고 에르하르트 세미나 교육Erhard Seminars Training, 사이언톨로지Scientology, 원초적 절규 요법Primal Scream Therapy, 초월명상Transcendental Meditation, 마음챙김 훈련Mindfulness training과 같은 자기 계발 프로그램의 태동을 언급했다.

래쉬는 이 같은 준종교적 변화와 가족과 공동체의 유대가 약화되는 현상을 설명하며, 시장주의를 신봉한 보수 진영과 문화적 진보주의를 지향한 진보 진영을 동시에 비판했다. 그는 사회적 변화와 인간의 성격 발달 간의 밀접한 관련성을 지적하며, 이러한 현상들이 성격 형성에 영향을 미친 결과 나르시시즘이 확산되었다고 주장했다. 더 나아가 래쉬는 심리학자들과 사회과학자들이 전통적인 자녀 양육 방식에 간섭한 결과, 오랜 세월에 걸쳐 축적된 지혜가 평가절하되었으며(경험으로 축적된 권위를 포함해) 거의 모든 형태의 권위가 신뢰를 잃게 되었다고 설명했다. 요컨대, 권위가 더 이상 예전의 지위를 갖고 있지 않다는 것이다. 외부의 인정에 대한 집착으로 초래된 이 모든 현상은 결국 인간관계마저 약화시키고 말았다. 이러한 맥락에서 보면 래쉬가 '나 중심 세대me generation'를 새로운 보편으로 간주한 것이 그리 놀랍지 않다. 그는 이 세대를, 권리를 주장하면서도 책임은 회피하고, 유아적이고 이기적이며, 언제나 자신의 이익을 최우선에 두는 집단이라 정의했다.

래쉬가 나르시시즘 성향의 자아, 즉 지나치게 자신에게 몰두하며 명예와 유명세를 좇는 사람들에 관한 기념비적인 연구를 발표하기 몇 년 전, 정신분석가이자 인류학자인 마이클 매코비 Michael Maccoby의 『플레이어, The Gamesman』가 출간됐다.[6] 이 책에서 매코비는 조직 문화의 판도를 바꾸고 있는 새로운 유형의 CEO를 소개했다. 그는 이들이 확고한 개인적 목표를 가지고 있어 일견 비범해 보이지만, 실제로는 지그문트 프로이트 Sigmund Freud가 정의한 나르시시스트 성격 유형과 매우 유사한 면모를 보인다고 설명했다. 매코비는 이어 이들의 조직 생활을 분석하고 이들이 실리콘밸리와 월스트리트의 새로운 영웅으로 떠오르고 있다고 진단하였다. 그러나 동시에 이들의 나르시시즘 성향이 조직을 쉽게 파국으로 몰고 갈 수 있다는 경고를 덧붙였다.

책이 쓰인 지 약 50년이 지났지만, 래쉬와 매코비가 제시한 통찰은 오히려 지금 더 정확하게 들어맞는 듯하다. 사회비평가로서 두 사람은, 우리가 거울에 비친 자기 모습을 다시 들여다보며 지금이 과거 어느 때보다 더 나르시시즘에 물든 시기가 아닌지를 되묻게 했다. 이들은 나르시시즘뿐 아니라, 그에 수반되는 무절제한 자기 탐닉, 지나치게 자신을 중요하게 여기는 태도, 그리고 어쩌면 더 중요하게는 특권 의식과 같은 특성들 또한 함께 확산하였다고 강조했다.

래쉬와 매코비가 묘사한 사람들은 모두 자신이 특별하다는 믿음을 갖고 있다. 이들은 자신의 능력을 과도하게 부풀려 인식했다. 하지만 안타깝게도, 현실 속에서 만나는 사람들 대부분은 그렇게 특별하지 않다. 우리는 어디까지나 인간이며, 지극히 평범하다. 그리고 누구에게나 결점과 불완전함이 있다. 이런 점에서, 나르시시즘 성향을 지닌 사람은 결국 자신을 곤경에 빠뜨릴 위험이 있는 비현실적인 인생관을 갖고 있다고 할 수 있다.

> 현실 속에서 만나는 사람들 대부분은 그렇게 특별하지 않다.
> 우리는 어디까지나 인간이며, 지극히 평범하다

물론 살아가다 보면, 결국 현실 감각이 자리 잡으면서 자신이 특별하다는 믿음도 서서히 사라질 수 있으리라는 기대를 하게 된다. 그러나 이러한 현실 인식은 깊은 절망감과 맞물려 있기에 쉽게 감당할 수 있는 감정이 아니다. 따라서 많은 이들이 자신이 특별하다는 생각을 쉽게 놓지 못하는 것도 일견 당연해 보인다. 사람들은 계속해서 나르시시즘과 함께 즐겁게 살아갈 것이다. 이런 삶의 방식이 새로운 표준이 된 것도 크게 의아해할 것 없다. 우리 사회가 나르시시즘의 존재와 그에 따른 행동에 무감각해진 것처럼 보이는 것 역시 마찬가지다. 어쩌면 우리가 나르시시스트의 행동을 너무나도 당연하게 받아들이게 된 것일지도 모른다.

그렇다면, 우리는 어쩌다 이런 지경에 이르게 된 것일까? 나르시시즘이 만연한 삶을 당연하게 받아들이게 된 사회적 배경은 무엇일까? 래쉬와 매코비 같은 사회 비평가들의 통찰을 바탕으로, 지금의 상황을 어떻게 다시 바라보고 해석할 수 있을까?

사회적 요인

나르시시즘이 만연한 사회라는 맥락에서 주목할 만한 변화는 바로 공동사회 Gemeinschaft에서 이익사회 Gesellschaft로의 전환이다. 이러한 변화는 사람들의 심리에도 상당한 영향을 미친다.[7] 공동사회에서는 개인적인 인간관계와 그 관계에서 수반되는 역할, 가치, 믿음을 바탕으로 사회적 유대가 형성된다. 이 사회는 전통적으로 가족, 부족, 마을과 같은 농경 공동체에 해당하며,

인간관계를 소중히 여기고 개인보다는 집단의 안녕을 우선시한다. 또한, 가족, 혈연, 종교와 같은 전통적 유대가 강하고, 전통적 규범에 따라 사회적 관계가 규정된다. 반면, 이익사회에서는 사회적 관계가 계약, 협정, 제도 같은 인위적이고 이성적인 틀을 통해 형성된다. 이러한 관계는 형식적인 상호작용, 정해진 역할 수행, 그리고 보편적 가치와 신념에 의해 유지된다. 이익사회는 개인주의적인 도시 사회나 국제 사회에 해당하며, 이곳에서의 인간관계는 비인격적이고 기능 중심적이며 사회적 유대는 목적 지향적이고 피상적이다. 간단히 말해, 자기 이익이 우선시되고 효율성과 정치·경제적 이해가 중심이 되는 사회라고 할 수 있다.

이 맥락에서 보면, 자기 이익을 우선시하는 경향이 증가한 것은 공동사회에서 이익사회로 옮겨간 사회 변화의 결과로 이해할 수 있다. 이러한 변화로 공동체적 성향이 약화되는 대신 개인주의적 성향이 강화되었으며, 그에 따라 인간관계의 밀도가 낮아지고(인류가 가장 두려워하는 감정이라고 할 수 있는) 외로움은 더욱 심화되었다. 결국, 나르시시즘이 확산하는 현상은, 이 같은 부정 감정으로부터 자신을 보호하려는 의도에서 발현된 결과로 볼 수 있다. 다시 말해, 나르시시즘이 우리의 정신 건강을 지키고 자존감을 높이기 위한 일종의 방어기제로 작동한다는 의미다. 심지어 오늘날 나르시시즘 성향의 행동이 점점 증가하는 양상은 예측 불가능한 삶에 대응하기 위한 지속적인 적응 반응으로도 해석할 수 있다.

• 소비주의의 부상

현대 사회에서 관찰되는 또 다른 변화는 소비주의의 부상이다. 오늘날, 점점 더 많은 사람들이 물질적 욕망에 빠져들고 있다. 인류의 발전이 마치 물질 소유에 달려 있기라는 한 듯, 과시적 소비는 어디에서나 쉽게 목격되는 보편적 현상이 되었다. 안타깝게도, 물질적 욕망에 사로잡힌 사람들은 지구의 자원이 무한하며 소비에는 끝이 있을 수 없다는 착각 속에 살아간다. 이러한 삶의 태도를 지닌 사람들은 일종의 내면지향적 나르시시즘, 즉 자신의 소비로 정체성을 확인하려는 경향을 드러낸다. 과시적 소비를 통해 자신의 존재감을 표출하는 것이다.

> 인류의 발전이 마치 물질 소유에 달려 있기라는 한 듯, 과시적 소비는 어디에서나 쉽게 목격되는 보편적 현상이 되었다.

감정적 욕구는 다루기 까다롭다. 어쩌면 감정적 욕구를 만족시키는 일은 거의 불가능에 가까울지도 모른다. 반면, 물질적 욕구는 훨씬 다루기 쉽다. 내면의 공허함을 물건을 사고 소비하는 방식으로 채우는 일이 그리 어렵지 않기 때문이다. 의미 있는 관계를 맺거나 자기 계발에 시간을 투자하기보다는, 물건을 소유하고 소비하는 것이 더 쉽게 자기만족을 얻을 수 있는 방식이 된 요즘이다. 그래서 많은 사람들이 주택, 자동차, 보석, 의류, 액세서리, 미용 제품처럼 지위와 권력, 세련된 취향을 과시할 수 있는 '가시적 재화'에 큰 관심을 쏟는 것도 그리 이상하지 않다. 진정한 가치에 대한 관심은 사라지고, 이제는 과시적 소비 행위 자체가 새로운 하나의 종교처럼 자리 잡았다. 실제 삶과는 다르다 할지라도, 자신을 부유하게 보이도록 해주는 각종 상징에 집중하는 일이 훨씬 쉬운 선택이기 때문이다. 그리고 설령 그럴 만한 경제적 여유가 없다고 하더라도, 신용카드 한 장이면 누구나 자신이 성공하고 돈 많은 특별한 존재라는 환상에 빠져 살아갈 수 있다. 안타깝게도 사람들은 감당할 수 없는 소비로 채운 자기 도취감에 기댄 채, 현실을 애써 외면하며 살아간다.

• 자존감 향상 운동

앞서 언급했듯, 나르시시즘이 만연한 사회로의 전환에 주요한 영향을 미치고 있는 또 다른 요소는 바로 사회문화 발달의 근간이라고도 할 수 있는 양육 방식의 변화다. 최근 몇 년간 아동 발달 분야의 많은 전문가들은 아이들이 잘 성장하기 위해서는 무조건적 긍정 존중(unconditional positive regard, 역자 주: 타인의 존재 자체를 조건이나 편견 없이 수용하는 태도)이 필요하다고 주장했다. 그러나 부모의 자아가 취약한 경우, 온 마음을 다해 키운 자녀가 결국 특별한 것 없는 평범한 사람으로 성장할지도 모른다는 생각을 견디지 못한다. 이런 부모는 자녀를 자신의 연장선으로 인식하고, 자신을 특별하다고 생각하는 만큼 자녀 또한 특별한 존재가 되기를 바란다.

이런 이유로 아이를 지나치게 감싸며 키우는 부모는 내 아이가 얼마나 특별하고 대단한 존재인지를 끊임없이 확인해 주는 방식으로 아이의 자존감을 높여주려 한다. 또한 사소한 실패나 실수를 경험하지 않도록 온갖 노력을 다해 자녀를 감싸고 보호한다. 이처럼 자녀의 머리 위를 맴돌며 지나치게 개입하는 '헬리콥터형 부모'는 현대 사회에서 쉽게 찾아볼 수 있다.

이러한 양육 방식의 변화 경향은 최근 출간되는 육아서에도 반영되고 있다. 일부 육아서에서 부모가 자녀보다 더 많이 알고 있다는 생각 자체에 의문을 제기함에 따라 부모를 권위 있는 존재로 받아들이는 것을 꺼리는 분위기를 형성하기도 했다. 그 결과, 자녀에게 *존경* 받기보다는 *호감*을 얻고자 하는 부모들이 생겨났다. '지도자'가 아니라 '친구' 같은 부모가 되기를 선택한 것이다.

오늘날의 양육은 *무엇을 하느냐*가 아니라 *어떤 사람이 되느냐*를 더 중요하게 여긴다. 자존감이 높으면 아이가 더 잘 성장할 것이라는 이러한 가정은 아이가 응석받이로 자라는 결과로 나타나기도 한다. 근시안적 시각에서 아이의 자존감을 높이는 데만 초점을 맞추면, 교사의 과도한 칭찬이나 성적 인플레이션 같은 문제가 뒤따라 결국 모든 학생이 '우수'하다고 평가받는 상황이 만들어지고 만다. 안타깝지만, 아이들이 스스로를 아무리 대단하다고 생각한다 해도, 그 생각이 *실제* 그들이 얼마나 뛰어난지를 반영하는 것은 아니다. 결국 모두가 'A'를 받는다면, *진짜* 'A'를 받은 사람은 아무도 없는 것이나 마찬가지다.

> 결국 모두가 'A'를 받는다면, *진짜* 'A'를 받은 사람은 아무도 없는 것이나 마찬가지다.

자존감을 지나치게 강조하는 양육 방식은 '벌거벗은 임금님

Emperor's New Clothes' 이야기와 유사한 상황을 만든다. 겉으로 보이는 모습은 실제와 *다르다*. 그러므로 결국 인지 부조화 현상이 나타난다. 부모가 만들어 준 성취는 허상에 불과하며, 실제 삶은 기대했던 것만큼 성공적이지 않을 수 있다. 이러한 양육 방식은 결국 가짜 자아를 키워낸다. 그렇게 현실과 환상 사이의 괴리가 커질수록 자녀들은 자기 능력에 의문을 품게 된다. 겉으로는 당당한 척하며 드러냈던 나르시시즘 성향의 행동은 마음 깊은 곳에 자신이 무능하다는 감정을 남긴다. 외부 세계는 그저 겉으로 드러난 모습만 볼 뿐, 자기애와 자신감 뒤로 숨긴 열등감은 알아차리지 못한다. 이러한 양육 방식은 외형을 과시하려는 욕망을 더욱 부추기고, 그 결과 사회 전반에 나르시시즘 현상은 더욱 뚜렷하게 나타난다. 문제는, 이러한 자기애가 진정한 행복으로 연결되지 않는다는 사실이다. 당사자는 자신이 드러내는 겉모습에 실체가 없으며, 금세 모래성처럼 무너질 모습을 '가짜로 꾸미고 있다'는 사실을 인식하고 있다. 따라서 나르시시즘으로 포장된 허상과 그 허상을 유지하려는 노력이 불안과 우울을 심화시키고 있다는 것도 어쩌면 당연한 결과다.

• 자기 과시의 무대가 된 SNS

나르시시즘은 기술, 특히 인터넷 사용이 보편화되면서 대유행하게 되었다. 오늘날 SNS는 우리 일상 깊숙이 스며들어 있다. 그 결과, 나르시시즘은 이미지 관리를 부추기고 과열시키는 SNS에 올라타 날개를 펴고 비상할 수 있었다. SNS는 자기 집착과 허영이라는 바이러스를 퍼뜨렸다. SNS에서 이뤄지는 활동 대부분은 자아를 만족시키고 타인의 삶을 엿보는 관음적 쾌락에 초점이 맞춰져 있다. SNS가 관심을 갈구하는 이들의 욕구를 즉각적으로 해소해 주는 비상 탈출구 역할을 하는 셈이다.

> 나르시시즘은 이미지 관리를 부추기고 과열시키는 SNS에 올라타 날개를 펴고 비상할 수 있었다.

사실 사회적 관계망 형성은 SNS의 가장 큰 장점 중 하나로 꼽힌다. SNS가 사회화를 촉진하여 궁극적으로는 사회적 고립을 예방할 수 있다는 이유에서다. 게다가 SNS는 우리가 새로운 정보를 접하고, 시사에 대해 배우며, 다양한 사회 이슈에 참여해, 목소리를 낼 수 있는 기회를 풍부하게 제공한다. 하지만 SNS의 이 같은 장점은 기대에 미치지 못하고 있다. 사회적 고립을 막는 수단으로 여겨졌던 SNS가 오히려 정반대의 결과를 초래하고 있기 때문이다. 겉보기에는, SNS 기업들의 홍보처럼 '친구'가 많이 생긴 것처럼 보여도, 사람들의 외로움은 점점 짙어져만 가고 있다.

한껏 꾸민 모습이나 모두가 부러워할 만한 공간에 있는 모습처럼 사회적 비교를 유도하는 SNS의 운영 방식은 마치 처음부터 사람들의 나르시시즘 성향을 부추길 목적으로 설계된 것처럼 보인다. 그러나 여기서 중요한 것은, 누구도 *항상* 최상의 모습일 수는 없다는 점이다. 또한 타인과의 비교가 반드시 결속감을 키워주는 것은 아니며, 오히려 소외감을 부추길 수 있다.

SNS 중독 현상에도 주목해 볼 필요가 있다. SNS 사용자들에게는 스스로 조절할 수 없는 중독 양상이 나타날 수 있다. '좋아요' 버튼, 알림 기능, 자동 재생되는 영상 등은 사용자를 해당 플랫폼에서 쉽게 떠나지 못하게 만드는 요소다. 특히 청소년들은 이러한 SNS의 영향을 크게 받는다. 그러나 나이가 몇이든, SNS는 타인의 관심, 피드백, 반응을 갈망하는 뇌 영역을 자극하여 나르시시즘 성향을 더욱 증폭시키고, 이 과정이 끝없이 되풀이되는 악순환을 만들어 낸다.

기술이 이처럼 발전함에 따라, SNS는 젊은 세대가 세상을 바라보는 방식에 영향을 미치고 있으며, 이제는 인공지능까지 일상의 일부가 되어버렸다. 한때 사람들이 직접 익혀야 했던 기술들을 이제는 디지털 세계가 대체하고 있다. SNS는 우리의 소통 방식을 크게 바꾸어 놓았다. 특히 데이트처럼 복잡한 인간관계도 틴더Tinder나 범블Bumble과 같은 플랫폼을 통해 완전히 새로운 형태로 변해가고 있다. 구글 지도와 같은 앱이 길을 안내해 주는 것은 물론 이동 경로도 손쉽게 계획해 주기 때문에, 더 이상 지도 읽는 법을 배울 필요도 없다. ChatGPT가 있는데, 보고서 작성 실력을 왜 키워야 한단 말인가? 이와 같은 사례는 끝도 없이 덧붙여질 수 있다.

과거에도 시트콤, 연속극, 리얼리티 TV 같은 허구의 세계로 사람들을 초대해 잠시나마 현실을 잊게 해주던 미디어 매체가 있었다. 이 허구 속 주인공들과 자신을 동일시하는 과정에서 어느 정도 나르시시즘이 자극되었던 것도 사실이다. 그러나 오늘날 우리가 살아가는 디지털 시대의 환경은 훨씬 더 노골적인 나르시시즘을 발현시킨다. 디지털 나르시시즘 시대에는 자신을 과대 포장해 자랑하고 과도한 자아상을 만들어 낼 기회가 사실상 무한하다. 디지털 세계는 자기 과시적이고 뻔뻔한 자기 홍보를 가능하게 하는 최적의 공간이 되었다. 대개 이런 플랫폼에서는 과시적이고 허영심 많으며 가식적이고 매력적일수록, 또한 교묘하게 남을 조종하고 이용하거나 엽기적일수록 더 좋은 평가를 받는다.

디지털 세계는 자기 과시적이고 뻔뻔한 자기 홍보를 가능하게 해주는 최적의 공간이 되었다.

• 멈출 수 없는 셀카의 행진

유명인이든 아니든, 이러한 자기 기만적 활동을 멈추기는 쉽지 않아 보인다. 이제는 일반인이 평범한 일상을 기록하는 것조차 자신의 중요성을 증명하는 하나의 방식이 되어버렸다. 미디어 매체가 대중화되면서 스마트폰 하나만으로도 누구나 '유명인'이 될 수 있는 시대가 되었고, 셀카는 자기기만을 지속시키는 대표적인 방법으로 자리 잡았다. 과거에는 셀카라는 말조차 생소했지만 거의 모든 스마트폰에 최소 한두 개 이상의 카메라가 기본으로 탑재되어 있는 지금은, 언제 어디서든(때로는 어처구니없는) 사진을 찍을 수 있는 세상이다. 스마트폰 제조사들은 인간의 허영심을 수익화하는 일이 얼마나 쉬운지 이미 잘 알고 있다. 이 회사들이 개발한 기술의 도움으로, 과시욕과 관음증은 그 어느 때보다 극단적인 수준에 이르렀다. 사회심리학적으로 보면 셀카 게시는 타인의 관심을 끌고, 타인의 기억 속에 자신을 남기는 행위이다. 또한 자신의 옷차림, 표정, 배경, 사진의 스타일 등을 활용해 특정한 대중적 이미지를 연출할 수도 있다.

셀카 속 인물들은 *무척* 자신감 넘치고, *정말* 당당해 보인다. 그러나 이러한 이미지 이면에는 전혀 다른 현실이 숨어 있다. 우리는 너무도 자주 SNS를 정독하며 환상에 가까운 이미지들을 마주한다. 우리는 (실제로는 빚이 많을 수도 있는)가짜 부자들을 본다. (성형 수술과 각종 미용 시술을 받고, 결점은 편집해 지워버린)가짜 미인들도 있다. (리얼리티 TV나 유튜브를 통해 만들어진)가짜 유명인과 (성적 인플레이션의 수혜를 입고, 헬리콥터형 부모의 과잉보호 속에서 오직 자존감만 강조된 교육을 받은)가짜 천재에 (SNS의 팔로워 수가 폭발적으로 성장하며 만들어진)가짜 친구들도 있다. 현실이 환상처럼 느껴질 지경이다.

다음 세상을 위하여

지금까지의 논의를 통해 분명해진 사실은, 나르시시스트와 나르시시스트 성향의 행동은 언제나 우리 주변에 존재해 왔다는 것이다. 다만, 기술의 발전으로 이제야 비로소 광범위하게 퍼지고 있을 뿐이다. 비교적 무해하게 보이는 나르시시즘 성향의 행동도 있지만, 때로는 그런 행동조차 파국으로 이어질 수 있다는 점을 간과해서는 안 된다. 사회가 공동체 중심에서 개인 중심으로 옮겨가면서, 의미 있는 사회적 관계에 대한 기본 욕구가 충족되기는 분명 더 어려워졌다. 물론 공동체의 이익보다 '나'의 이익을 우선시하는 이 변화가 아무런 대가 없이 이루어진 것은 아니다. 페이스북이나 인스타그램과 같은 대중적인 SNS의 등장은 사람들이 여가 시간을 보내고 의사소통하는 방식 자체를 바꾸어 놓았다. 사람들은 사회관계망서비스를 의미하는 SNS에서 점점 더 많은 시간을 보낸다. 그러나 '사회관계망'에서 보내는 시간이 늘어났다고 해서 실제 사회에서의 관계가 반드시 더 좋아지거나 돈독해진 것도 아니다. 활발하게 SNS를 사용하는 가운데 심한 외로움을 느낄 수도 있기 때문이다. 실제로, 이처럼 평면적인 2차원적 소통 방식은 더 깊이 있는 3차원적 인간관계를 대체하기에 턱없이 부족해 보인다.

> 공동체의 이익보다 '나'의 이익을 우선시하는 이 변화가 아무런 대가 없이 이루어진 것은 아니다.

앞서 언급했듯, 개인주의는 소비주의와 '나' 중심 문화가 부상하며 더욱 빠르게 퍼졌다. 이제 사람들은 타인의 필요보다 나, *나의* 이미지, *나의* 욕망, *나의* 필요에 더 집중한다. 이런 변화로 사람들은 점점 더 자신에게 몰두하게 되었고, 그 결과 고립이 심화되었을 뿐 아니라 우울도 깊어졌으며, 물질적으로는 풍요로우나 진정한 삶을 누리지 못하게 되었다. 내적 가치가 외적 활동으로 대체되면서 성격 발달에 끼친 영향이 반드시 긍정적이었다고 보기는 어렵다. 이런 상황에서 나르시시즘의 확산이 앞으로 우리 사회에 어떤 영향을 미칠지 묻지 않을 수 없다. 어쩌면 지금이 이 흐름을 바꿀 적기인지도 모른다. 자아만 찬양하는 단순한 삶에서 벗어나 완전히 다른 삶의 대본을 찾아야 한다. 겉모습을 유지하려 애쓰며 외적인 것에 몰두하는 삶은 결국 내면이 파괴되고 있음을 알리는 신호다. 이제, 자기중심적이고 유명세에 집착하는 문화를 멈추고 진정한 자기다움을 되찾기 위해 진지하게 노력해야 할 시점이다. 우리 자신은 물론 우리 아이들을 위해서도, 인간성 회복을 위해 모두가 함께 이 싸움에 나서야 한다. 우리 자신에게서든 타인에게서든 피상적인 삶의 징후가 나타나지 않는지 늘 경계해야 하는 것은 물론이다. 결국 현실 속에서 살아갈 때 비로소 우리는 성장할 수 있다.

현실 속에서 살아갈 때 비로소 우리는 성장할 수 있다.

참고 문헌

1. Christopher Lasch (1979). *The Culture of Narcissism: American Life in an Age of Diminishing Expectations*. New York: Norton.

2. Ferdinand Tönnies (1887). *Gemeinschaft und Gesellschaft*. Leipzig: Fues.

3. Émile Durkheim (1951/1897). *Suicide: A Study in Sociology*. New York: The Free Press.

4. David Riesman (1950). *The Lonely Crowd: A Study of the Changing American Character*. London: Oxford University Press.

5. Christopher Lasch (1979). *The Culture of Narcissism: American Life in an Age of Diminishing Expectations*. New York: W.W. Norton & Company, p. 5.

6. Michael Maccoby (1976). *The Gamesman: The New Corporate Leaders*. New York: Simon & Schuster.

7. Ferdinand Tönnies (1887). *Gemeinschaft und Gesellschaft*. Leipzig: Fues.

인용문 출처

- Fyodor Dostoevsky (1914/1864). *Notes from the Underground*. Transl. C. J. Hogarth. London: J. Dent & Sons.

- Jacobus Johannes Leeuw (1928). *The Conquest of Illusion*. New York: Alfred Knopf.

- Robert Louis Stevenson (1882). *Familiar Studies of Men and Books*. London: Chatto and Windus, p. 164.

큰 강과 바다가 위대한 이유는 낮은 자
리에서 모든 시냇물의 물줄기를 품기
때문이다.
-노자 老子

진정으로 칭찬받아야 할 사람은, 능히 할
수 있는 일이 아니라, 마땅히 해야 할 일을
행하는 사람이다.
-세네카 Seneca the Younger

다른 모든 축복과 마찬가지로, 삶의 가치는
오직 어떻게 사용되느냐에 달려 있다.
-새뮤얼 존슨 Samuel Johnson

맺는말

결국 우리는 어디로 향하게 될까?

앞서 살펴보았듯, 현대 사회에서 나르시시즘은 이미 새로운 세계 질서의 일부가 되었다. 물론 이러한 변화를 인정하기 어려울 수 있지만, 그렇다고 아주 새로운 현상이라고 보기도 어렵다. 인간은 모두 어느 정도 자신을 세상에서 가장 귀한 존재라 여기며 살아간다. 다만, 이러한 경향이 현대 사회에서 더욱 뚜렷해진 것 뿐이다. 인간의 본성은 본질적으로 변하지 않았지만, 우리가 살아가는 세상은 과거에 비해 눈에 띄게 달라졌다. 어쩌면 거울 속에 비친 우리의 모습도 예전과는 크게 다를지 모른다. 그러나 분명한 것은, SNS로 대표되는 디지털 혁명이 우리가 자신의 모습에 더욱 심취하게 만드는 환경을 조성하고 있다는 점이다. 오늘날 많은 사람들은 디지털 거울 속 자신의 이미지를 능숙하게 연출하고, 이를 인터넷을 통해 넓게는 전 세계와 공유하며 살아간다. 비록 착각일지라도, 이 방식은 자신이 특별하다거나 누군가와 연결되어 있다는 감각을 불러일으키는 유용한 수단이 되었다. 하지만 안타깝게도, 눈에 띄려 하면 할수록, SNS 속 이미지는 실제 모습에서 멀어져간다. 엄밀히 말해, SNS에 공유되는 이미지나 콘텐츠의 상당수는 꽤 인위적이며 실제라기보다는 연출된 허구에 가깝다. 이러한 비현실을 받아들임으로써, 우리는 일터와 학교, 가정 등 사실상 삶의 거의 모든 영역으로 스며든 사회문화적 현상인 피상성의 문화 속에 살게 되었다. 또한 디지털 세계 속에 공동체를 구축하려는 숱한 노력에도 불구하고, 친밀한 관계가 꽃피는 사회로 나아가는 길은 여전히 요원해 보인다.

인간은 모두 어느 정도 자신을 세상에서 가장 귀한 존재라 여기며 살아간다.

앞서 분명히 했듯, 나르시시즘은 연속적인 스펙트럼 위에 존재하며, 우리는 모두 어느 정도 나르시시즘 성향을 지니고 있다. 적절한 수준의 나르시시즘은, 앞서 언급했듯, 생존에 필수적인 요소일 뿐만 아니라 인간의 진화 과정에서도 중요한 역할을 해왔다. 이런 의미에서, 나르시시즘은 항상 우리의 삶 속에 존재해 왔다고 할 수 있다. 따라서 오늘날 나르시시즘이 사회 전반에 퍼져 있는 것도 결코 새로운 일은 아니다. 그렇다면 래쉬와 매코비 같은 사회문화 사학자들은 왜 이 현상에 우려를 나타낸 것일까? 어쩌면 나르시시스트가 현대 사회에서 실제로 더 많아진 것이 아니라, 우리가 이들에 대해 더 많이 알게 되면서 더욱 뚜렷하게 인식하게 된 것일 수 있다. 그렇다면, 성공, 젊음, 외모, 지위, 부와 같은 성취 기준에 집착하는 태도 면에서, 우리 세대는 과거 세대와 크게 다를까?

요즘 젊은 세대가 이기적이라고는 하지만, 이들은 어쩌면 부모에게서 배운 것을 그대로 따라 하는 것일 수 있다. 현재의 젊은 이들은, 특히 헬리콥터형 부모 밑에서 자란 경우, 자신에게 모든 것을 누릴 *자격*이 있다는 믿음-즉, 자기 도취적이거나, 자기중심적이어도 되며, 강한 특권 의식을 가져도 된다는 생각-을 자연스럽게 내면화하며 성장했다. 이들은 자신이 유일무이한 존재이고 매우 특별한 사람이라는 말을 부모한테서 끊임없이 들으며 성장했을 것이다. 이런 성장 배경을 고려하면, 셀카를 찍고 SNS에서 팔로워를 모으는 데 시간을 쏟아가며 자신에 대한 환상에 빠지는 이유를 이해하기 어렵지 않다. 이들은 앞선 세대보다 더 나쁘거나 더 나은 행동을 한다기보다, 단지 조금 다르게 행동하고 있는 것일 수 있다. 디지털 환경에서 태어나 성장한 세대로서, 새로운 자기표현 수단을 활용하고 있는 것이다. 지금의 젊은이들은 이전 세대보다 나르시시즘 성향을 겉으로 드러낼 수 있는 수단에 훨씬 쉽게 다가갈 수 있는 환경에서 살아가고 있다. 결국 진화의 관점에서 보면, 다른 세상, 즉 새로운 질서가 통용되는 사회에서 살아가고 있는 셈이다. 그렇다면, 나르시시즘 성향이 단지 새로운 방식으로 드러나는 이 현상을 과도하게 우려할 필요가 있을까? 사실 모든 시대에는 저마다의 특이성이 있게 마련이지 않은가?

물론 논란의 여지는 있겠지만, 현대 사회에서 관찰되는 나르시시즘 확산 현상은 다른 관점으로도 해석할 수 있다. 예컨대, 나르시시즘을 테러, 지구 온난화, 핵 위협, 기아, 전쟁, 무능한 지도자, 팬데믹 등 온갖 심각한 문제들이 산재한 이 세상을 어떻게 감당해야 할지 모르겠다는 불안에서 비롯된 반응으로 보는 것이다. 사람들은 지금 알고 있는 세상이 무너질지도 모른다는 불안에 휩싸여, 상상 속에서라도 위대해 보이는 이미지를 만들어 내려는 강박에 빠질 수 있다. 그 결과, 불안을 잊기 위해 물질적 가치, 특히 과시적인 소비에 더욱 집착하게 된다. 지금, 이 순간만을 사는 것이 오히려 더 나은 선택처럼 보이기 때문이다. 이때 핵심이 되는 표현은 '나, 나 자신, 그리고 또 나 I/Me/ Myself'이다. 이러한 설명을 염두에 둔다면, 나르시시즘의 확산은 결국 불안에 대한 타조 반응(역자 주: 타조가 포식자를 발견했을 때 머리를 모래 속에 묻어 문제를 회피하거나 외면하는 행동)에 지나지 않는다. 그러나 이러한 사고에 사로잡히면, 점점 더 정교하게 가공된 비현실의 안개 속에서 헤매며 살게 된다. 현실 속 사실마저 의도적으로 왜곡하게도 된다. 이런 점에서, 피상적인 정체성을 만들어 내려는 강박은 무의미한 삶에 대한 실존적 공포를 회피하려는 욕망의 표현이라 할 수 있다.

> 사람들은 지금 알고 있는 세상이 무너질지도 모른다는 불안에 휩싸여, 상상 속에서라도 위대해 보이는 이미지를 만들어 내려는 강박에 빠질 수 있다.

지구, 혹은 '우리가 알고 있는 세계'가 마주할 문제들의 심각성을 진심으로 받아들인다면, 나르시스 신화에 담긴 경고가 그 어느 때보다 더 중요한 의미로 다가올 것이다. 그렇기에, 앞서 언급했듯, 이러한 우려를 디지털 거울 속에 자기 이미지를 투영하는 방식으로 해소하려는 시도는 결코 해답이 될 수 없다. 현실을 외면하고 환상의 세계에 몰입하는 것으로는 한계가 있으며, 이렇게는 결코 불안을 거둘 수 없다. 지나치게 피상적인 활동에만 몰두하다 보면, 결국 나르시스가 빠져들었던 그 파괴적인 자기 이미지의 굴레에 우리도 함께 갇히게 될 뿐이다. 나르시스가 간 길을 따르는 것은 앞으로 나아가는 길이 아닐 뿐 아니라, 생각의 공동체를 세우거나, 더 나은 미래를 위해 함께 뜻을 모으는 길도 아니다. 타조처럼 머리를 모래에 묻고 현실을 외면하는 태도로는 의미 있는 삶에 도달할 수 없다. 트위터, 인스타그램, 틱톡, 페이스북 그리고 '좋아요'와 댓글 수의 토대 위에 지어진 인위적인 세계는 희망차고 충만한 미래를 위해 필요한 정서적 만족을 결코 채우지 못한다.

위험 지대

점점 더 많은 사람들이 나르시시즘에 빠져드는 이 상황에서, 비판적 사고가 자취를 감추고 있다는 점이 참으로 우려스럽다. 진정성과 진실성의 자리는 자기 상품화, 쇼맨십, 가식으로 대체

되고 있다. 오직 겉모습만 중요하게 여기며 내면은 철저하게 무시하는 현상도 흔하다. 사람들은 진짜 자아를 부정한 채, 철저히 조작된 가짜 자아를 붙들고 유지하는 데 온 힘을 쏟아붓는다. 사실 이런 행동의 이면에는 마음 깊은 곳에 자리한 어둡고 차가운 공허함을 피하려는 욕구가 있다. 사람들은 가짜 이미지를 지키기 위해 부단히 노력하지만, 앞서 언급했듯 이러한 성향을 옹호하는 사회에서 살아가다 보면 결국 진실한 인간관계를 맺는 능력까지 훼손된다. 분명한 것은, 나르시시즘이 만연한 문화에서 진정한 인간관계를 일궈내기란 결코 쉬운 일이 아니라는 점이다. 이런 사회에는 공감과 연민이 결여되어 있으며, 깊이 있는 관계도 찾아보기 어렵다. 가짜 이미지를 지키며 사는 삶은 결국 모두가 가짜 현실 속에서 살아가는 것과 다르지 않다.

하지만 정말로 현실을 외면한 채 살아갈 수 있을까? 퇴행적 행동을 막을 방법은 없을까? 즉각적인 만족에만 매몰되지 않는 세상, 특권 의식이 사라진 세상을 만들 수는 없을까? 그리고 사람들이 더 성숙한 태도로 삶을 대할 수 있도록 나르시시즘 성향의 행동을 바로잡을 방법은 없을까?

성숙이란, 모든 보상이 즉각 주어지지 않는다는 사실을 받아들일 수 있는 마음가짐이다. 또한 감정을 조절하고, 상황에 맞게 반응하며 타인과의 관계 속에서 어른답게 행동할 수 있는 태도이기도 하다. 만족의 지연을 받아들일 준비가 되어 있다는 점에서, 성숙은 성장 발달의 핵심 요소라고 할 수 있다. 성숙은 현실을 있는 그대로 마주할 자신감을 갖고, 거짓으로 자신과 타인의 불안을 덮으려 하지 않는 태도이기도 하다. 노력 없이는 인생의 중요한 이정표에 도달할 수 없다는 사실을 인식하는 것 역시 성숙을 의미한다. 결코 특권 의식을 앞세워서도 안 된다.

시도하고, 실패하고, 배우고, 마침내 무언가를 이루어 내는 대신, 모든 것을 당연히 누려야 한다고 여기는 특권 의식은 결코 바람직하지 않다. 특권 의식은 삶을 병들게 한다. 아무런 노력 없이 성공을 바라는 태도는 결국 대가를 치르게 마련이다. (노력 여부와는 무관하게) 모든 일이 자기 뜻대로 되기를 바라다가, 이러한 비현실적인 기대가 자신이 당연히 누려야 한다고 여기는 결과로 이어지지 않으면 결국 실망하게 될 수밖에 없다. 이러한 실망감은 강한 특권 의식을 지닌 사람들의 자기감을 위협한다. 자신이 그리 특별하지 않을 수도 있다는 현실을 받아들여야 하기 때문이다. 이러한 실망감은 또한 격렬한 반발과 분노로 이어질 수 있다. 이처럼 극단적인 감정 반응은 건강한 인간관계를 형성하는 데 도움이 되지 않는다. 더욱이 관심을 끌기 위해 취한 행동은 오히려 소중한 사람들과의 관계를 끊어버리며, 그 결과 다시 좌절, 불행, 실망이라는 늪에 빠지게 된다.

  삶은 장미 가득한 꽃밭이 아니다. 건강, 노화, 인간관계와 관련된 문제들이 늘 기대만큼 순조롭게 풀리지 않을 수도 있다는 사실을 모두가 받아들여야 한다. 삶의 현실을 마주하는 일은 특히 특권 의식이 강한 사람들에게 더 큰 위협일 수 있다. 자신이 우월하다는 인식과 현실이 정면으로 충돌하기 때문이다. 그러나 특권 의식을 지닌 사람들이 반드시 직면해야 할 사실은, 나르시시즘에 젖은 삶의 태도는 본질적으로 제 기능을 하기 어려우며 결국 자신을 무너뜨릴 수밖에 없다는 점이다. 이러한 태도는 정신 건강에도 부정적인 영향을 미친다. 인생의 어느 시기에 처음으로 현실을 직시하고 실망하게 되면, 나르시시즘과 특권 의식에 기반한 삶은 더 이상 지속되기 어렵다. 나아가 거시적 관점에서, 나르시시즘과 그로부터 파생된 특권 의식에 사로잡힌 특정 집단의 비현실적이고 무모한 자신감이 세계 경제에 끼친 피해는 실로 부인하기 어렵다.

    삶은 장미 가득한 꽃밭이 아니다. 건강, 노화, 인간관계와 관련된 문제들이 늘 기대만큼 순조롭게 풀리지 않을 수도 있다는 사실을 모두가 받아들여야 한다.

나르시시즘 성향의 행동이 과도해져 문제가 되는 순간이 오히려 배움의 기회가 되기를 바란다. 이러한 경험을 통해 우리는 인생에서 가장 중요한 교훈을 얻을 수 있다. 그 교훈 속에서 의미 있는 관계의 가치, 자기 존중의 중요성, 회복탄력성의 역할, 그리고 언제 타인과 경계를 설정해야 하는지를 배울 수 있을 것이다. 물론 이러한 자질을 갖추려면 깊은 자기성찰과 끊임없는 자기 단련이 필요하다. 나르시시스트가 과장된 자아를 마주하는 일은 언제나 어렵다. 그렇기에 이들에게는 겸손의 가치를 진심으로 받아들이는 태도가 절실하다. 겸손 없이는 진정한 의미의 인간다움이 존재할 수 없다. 사실, 삶이 전개되는 방식을 생각해 보면, 모든 경험은 겸손의 중요성을 일깨우는 가르침이다.

나르시시즘과 겸손

나르시시즘과 리더십은 서로 밀접하게 연결된 개념이다. 앞서 수많은 리더가 강한 나르시시즘 성향을 보인다는 점을 언급한 바 있다. 그러므로 나르시시즘의 부정적인 측면을 고려한다면, 리더십에 있어 겸손은 더욱 중요한 덕목이 된다. 겸손이 없는 리더십은 위험할 수 있다. 그러나 겸손이 더해진 리더는 진정한 변화를 이끌 수 있다. 인도의 시인이자 철학자인 라빈드라나트 타고르Rabindranath Tagore는 "우리가 겸손 속에서 위대해질 때, 진정한 위대함에 가장 가까워진다."라고 말했다.[1] 겸손하지 않으면, 누구라도 지옥의 문턱에 이를 수 있다.

> 겸손이 없는 리더십은 위험할 수 있다.

리더가 거울 속 자신에게 도취해 자신을 과대평가하며 자만심과 오만함을 드러내는 행동은, 내면의 공허함이 밖으로 드러난 징후로 해석될 수 있다. 실제로 자만은 깊은 불안을 감추기 위해 사용하는 가장 흔한 위장 수단 중 하나다. 자만에 사로잡힌 이들은 자신의 불안을 허세라는 가면 뒤에 숨긴 채, 별다른 것 없는 업적이나 실속 없는 승리를 부풀려 자랑하고, 어려운 문제는 완강히 저항하며 회피한다. 반면, 겸허하게 살아가며 겸손하게 남을 섬기는 태도는 유능한 리더가 갖추어야 할 가장 중요한 자질 가운데 하나다.

겸손은 나르시시즘, 자기 과시, 또는 방어적인 태도가 없는 상태를 의미한다. 진정한 겸손이란, 자기 자신을 존중하는 지혜로운 태도이기도 하다. 겸손한 사람은 자신을 과하게 높이 평가하지 않는다. 오히려 자신에게 부족한 것이 없는지 돌아보며 겸허한 태도로 삶을 대한다. 스코틀랜드 작가 제임스 매튜 배리 James Matthew Barrie의 말처럼, "삶은 겸손을 배우는 긴 수업이다."[2]

> 겸손은 우리 자신으로 가득 찼던 마음을 비워냄으로써, 그렇지 않았다면 놓친 줄조차 몰랐을 소중한 것들로 다시 우리를 채워준다.

겸손에 있어, 자기 이해 역시 중요한 역할을 한다. 사실, 자기의 생각과 감정, 행동의 원인을 이해하게 되었을 때 가장 먼저 나타나는 태도가 바로 겸손이다. 겸손은 우리 자신으로 가득 찼던 마음을 비워냄으로써, 그렇지 않았다면 놓친 줄조차 몰랐을 소중한 것들로 다시 우리를 채워준다. 이런 의미에서 보면, 사랑이나 믿음, 희망은 얼마든지 꾸며낼 수 있지만, 겸손만큼은 억지로 흉내 내기 어렵다는 사실을 깨닫게 된다. 그러나 이미 언급했듯, 겸손 없이는 인간다움도 없다. 겸손을 받아들임으로써 우리는 완벽주의와 자기파괴를 부추기는 자기중심주의에서 벗어나 더 깊은 자존감을 경험할 수 있다. 물론 적절한 만큼의 자신감은 중요하다. 다만, 겸손이 동반되지 않는 자신감은 오만으로 쉽게 변질될 수 있다는 점을 기억해야 한다. 어쩌면 과도한 나르시시즘 행동을 극복하는 한 가지 방법은 진정으로 자신을 아는 과정을 통해 우리의 인간다움과 다시 '연결'되는 것일지도 모른다. 이때 순간순간의 감정, 생각, 행동을 자각하는 자기 인식과 자신의 성향, 강점, 약점에 대해 아는 자기 지식이 결정적인 역할을 한다. 사실 자신에 대해 잘 알고 있는 사람은 굳이 자신을 과시할 필요가 없다. 가짜 자아를 연출할 이유가 없는 것이다.

> 사실, 자신에 대해 잘 알고 있는 사람은 굳이 자신을 과시할 필요가 없다. 가짜 자아를 연출할 이유가 없는 것이다.

리더십 관점에서 볼 때, 미래의 리더가 이룰 수 있는 가장 의미 있는 성과는 자신이 그리 대단한 존재가 아니며, 한계와 연약함을 지닌 인간일 뿐이라는 사실을 받아들이는 것이다. 진정한 겸손은, 우리가 이 땅에서 보낼 수 있는 시간이 유한하다는 인식에서 비롯된다. 그러나 그 유한한 시간 속에서 우리는, 자기 이익을 넘어서는 행동을 통해 타인의 삶에 이바지할 수 있다. 겸손이란, 우리가 이 세상에 존재하는 이유가 자신의 중요성을 증명하기 위함이 아님을 아는 것이다. 그보다 훨씬 더 바람직한 태도는, 우리가 다른 사람들의 삶에 얼마나 긍정적인 영향을 줄 수 있는지를 고민하고, 인류애를 실천하는 데 있다.

인간으로 산다는 것은 사랑하고 애쓰며 희망을 품다가도 때로는 길을 잃는다는 것을 의미한다. "내가 왜 여기에 존재하는가?", "내가 존재하는 이유는 무엇인가?"와 같은 본질적인 질문을 자신에게 던질 수 있을 때, 비로소 우리에게 겸손이 깃든다. 또한 인간으로 산다는 것은, 한 개인이 성장하고 발전하며 자신의 잠재력을 실현하는 존재가 된다는 뜻이자, 타인을 향한 공감과 연민의 마음을 행동으로 옮길 수 있는 능력을 지닌 존재가 된다는 뜻이기도 하다. 겸손과 인간다움의 결합이야말로, 호모 *사피엔스*가 지금까지 세상을 더 나은 방향으로 변화시켜 온 원동력이었다.

선순환의 길

이 책은 고대 신화 속 상징적 인물인 나르시스를 정신분석의 대상으로 삼아, 나르시시즘이 초래할 수 있는 문제들을 살펴보는 데서 논의를 시작했다. 나르시시즘은 곧 파멸로 이어지는 지름길이 될 수 있다는 점도 지적했다. 그러나 동시에, 반드시 그 길을 따를 필요는 없으며, 얼마든지 다른 길을 선택할 수 있다는 점도 강조했다. 그리고 다른 그 길 위에는 건강한 자존감, 공감과 연민, 겸손을 갖춘 사람들뿐 아니라, 자신의 감정과 행동을 성찰하며 자신이 어떤 사람인지 끊임없이 이해하려 노력하는 이들이 있다는 점을 언급했다. 이들은 자신의 삶 속에 매일 세 명의 자아-과거의 나, 현재의 나, 앞으로 되고 싶은 나-가 공존한다는 사실을 자각한 사람들이다. 자신을 온전히 이해하기 위해 가장 중요한 것은, 자신 안에 존재하는 여러 자아의 실체를 인식하고, 오늘의 내가 누구인지 아는 능력이다. 사실, 우리가 *생각하는* 나와 *실제의* 나는 매우 다를 수 있으며, 그 차이를 깨닫는 것은 자신을 얼마나 솔직하게 바라보느냐에 달려 있다. 그렇기에 우리의 선택과 행동이야말로, 우리의 생각이나 말보다 더 명확하게 우리 자신을 드러낸다고 할 수 있다.

> 우리가 *생각하는* 나와 *실제의* 나는 매우 다를 수 있으며, 그 차이를 깨닫는 것은 자신을 얼마나 솔직하게 바라보느냐에

달려 있다.

나르시시즘의 세계로 함께 떠났던 이 여정의 끝을, 정신분석가이자 철학자인 에리히 프롬의 말로 마무리하고자 한다. "나르시시즘의 반대편에는 객관성이 있다. 객관성이란 사람과 사물을 있는 그대로 볼 수 있는 능력이자, 자신의 욕망과 두려움이 빚어낸 이미지와 객관적인 이미지를 구분할 수 있는 능력이다."[3] 이제 이 여정의 끝에서, 많은 이들이 나르시스 신화에 담긴 교훈을 되새기며 새로운 길을 선택하길 바란다. 물론 선택은 각자의 몫이다. 하지만 기억해야 할 것은, 나르시시즘을 감추고 보기 좋게 포장할 수 있다고 해도, 남은 생을 굳이 양의 탈을 쓴 늑대처럼 살아갈 필요는 없다는 점이다.

참고 문헌

1. Sir Rabindranath Tagore (1916). *Stray Birds*. New York: The Macmillan Company, no. 57.

2. J. M. Barrie (1891). *The Little Minister*. New York: Lovell, Coryell & Company, Chapter 3.

3. Erich Fromm (1956). *The Art of Loving*. New York: Harper & Row.

인용문 출처

- Lao Tzu (1913/6th Century BC). *The Simple Way of Laotze (The "Old Boy"). A New Translation of the Tao-Teh King*. Transl. Walter Gorn-Old. London: William Rider & Son.

- Seneca the Younger (attributed; c. 4 BC – 65 AD). Octavia, line 454. Author's translation.

- Samuel Johnson (1796/1726 – 1749). *Irene. A Tragedy*. London: George Cawthorn, Act III, Scene 8, Line 28.

옮긴이

김현정

미네소타 대학교 상담심리학 석사, 콜롬비아 대학 조직과 심리학 박사. 맨프레드 교수의 초청을 받아 INSEAD Global Leadership Center에서 방문 학자로 가르침을 받았다. 그의 코칭 프로그램을 연구하여, 하버드 의대 Graduate Fellow로 선정되었다. 삼성전자 리더십 개발센터, 숭실대 경영학부 조교수, 숭실대 혁신코칭컨설팅학과 주임교수 등을 역임한 바 있다. 현재는 케츠 드 브리스 연구원(KDVI)와 긴밀히 협력하며, Executive Coach Society대표, 중소벤처기업 코칭컨설팅협회 부회장, aSSIST 글로벌 리더십 센터장을 맡고 있다.

양재희

한국외국어대학교에서 언어학 박사 학위를 받았다. 인공지능 기술 구현에 필요한 언어 자료를 설계하고 구축하는 연구원으로 일하며 한겨레 어린이·청소년책 번역가 그룹에서 활동한다. 『오언과 군인 아저씨』, 『기후변화는 어떻게 세계 경제를 위협하는가』, 『잘 살았다고 말할 수 있기를』를 우리말로 옮겼다.

나르시시스트 리더를 만났다면

초판 1쇄 인쇄 2025년 10월 15일
초판 1쇄 발행 2025년 10월 27일

지은이 맨프레드 케츠 드 브리스
옮긴이 김현정, 양재희
펴낸이 하인숙

기획총괄 김현종
책임편집 김선영
마케팅 김미숙
디자인 이성희

펴낸곳 더블북
출판등록 2009년 4월 13일 제2022-000052호
주소 서울시 양천구 목동서로 77 현대월드타워 1713호
전화 02-2061-0765 팩스 02-2061-0766
블로그 https://blog.naver.com/doublebook
인스타그램 @doublebook_pub
페이스북 www.facebook.com/doublebook1
이메일 doublebook@naver.com

ⓒ 맨프레드 케츠 드 브리스, 2025
ISBN 979-11-994445-1-5 (03190)

- 이 책은 저작권법에 따라 보호를 받는 저작물 이므로 무단전재와 무단복제를 금합니다.
- 이 책의 전부 또는 일부 내용을 재사용하려면 사전에 저작권자와 더블북의 동의를 받아야 합니다.
- 인쇄·제작 및 유통상의 파본 도서는 구입하신 서점에서 교환해드립니다.